中国全図

蒙古

●乌鲁木齐

□喀什

新疆维吾尔自治区

□敦煌

甘肃省

银川●

青海省

西宁●

宁夏回
自治区

兰州●

西藏自治区

喜马

尼泊尔

拉

珠穆朗玛峰

▲雅

●拉萨

长

江

四川省

成都●

重

不丹

印 度

孟加拉国

贵

云南省

昆明●

广

缅 甸

越 南

老 挝

2年めの 伝える中国語

自分のこと日本のこと

及川淳子 著

白水社

装丁　折原カズヒロ

イラスト　水野朋子

はじめに

　本書は中国語の「初級」から「中級」へのレベルアップを目指す人を対象に作成した教科書です。1年めに基礎を学んだ学修者が、2年めの授業で重要なポイントをくり返し練習しながら、徐々に「自分のこと」や「日本のこと」を中国語で伝えられるように工夫してあります。

　中級レベルの文法項目から実用的なものを選び、身の回りのことからSNSや社会問題まで、さまざまなテーマで中国語の表現を楽しめるように各課を構成しました。「中国語でもっと伝えたい」という思いを「伝わった」という確かな手ごたえにするために、自分の言葉で「伝える中国語」をマスターしましょう。

【構成】

本文　　　第1〜7課はスピーチをするイメージ、第8〜14課は中国の友人に語りかける内容です。音声をくり返し聞いて、しっかり音読しましょう。

ポイント　本文中の重要な文法項目を解説しています。例文を日本語に訳してポイントを理解したら、くり返し音読しましょう。

ドリル　　ポイントで学んだ文法項目を確認するための練習です。①は穴埋め練習、②は並べ替え練習、③は日本語から中国語に訳す問題です。

チャレンジ　実践的な会話練習です。まず、本文の内容に基づいて答える練習をします。次に、自分だったらどう答えるか考えてみてください。必要な単語を調べて、文を書いてみましょう。くり返し音読し、徐々に「読む」から「話す」へと意識を向けてください。

　「伝えたい」という思いは、語学を修得する上で最良のモチベーションです。本書での学びを通して、中国語でのコミュニケーションから中国への興味や関心が深まることを期待しています。

著　者

目　次

前半の目標　自分のことを伝えられるようになる

第1課　自分・家族 ……………… 6
1 二重目的語をとる動詞 "叫"
2 文末の助詞 "吧"
3 "是～的" 構文
4 介詞 "给"

第2課　家 ………………………… 10
1 "从" と "离"
2 可能を表す3つの助動詞

第3課　好きなこと ……………… 14
1 "了" の用法（1）
2 "除了～以外…"
3 "又～又…"

第4課　SNS …………………… 18
1 比較表現
2 動詞の前に置く "地"
3 副詞 "在"
4 否定の強調

第5課　休日 ……………………… 22
1 "先～，再…"
2 "因为～，所以…"
3 "如果～的话…"
4 不定を表す "什么"

第6課　旅行の思い出 ………… 26
1 "了" の用法（2）
2 可能補語
3 様態補語

第7課　中国への興味 ………… 30
1 "虽然～，可是…"
2 "对～来说"
3 "只有～，才…"
4 "把" 構文

<table>
<tr><td rowspan="14">後半の目標 日本のことを伝えられるようになる</td></tr>
</table>

第**8**課　東京案内　…………… *34*
1. "越来越～"
2. 疑問詞の連用
3. 受け身文
4. 兼語文

第**9**課　交通事情　…………… *38*
1. "所有"
2. "一～就…"
3. "不管～都/也…"
4. "順便"

第**10**課　買い物事情　………… *42*
1. "随着"
2. "不仅～，还/也…"
3. "尽管～，但是…"
4. "由于"

第**11**課　日本の文化　………… *46*
1. "毎个"
2. "比如"
3. "恐怕"
4. "不妨"

第**12**課　サブカルチャー　……*50*
1. "以～为…"
2. 方向補語 "出来" "起来" の派生用法
3. "听说"
4. "连～也/都…"

第**13**課　食事　………………… *54*
1. "或者"
2. 離合詞
3. "只要～，就…"
4. "按照"

第**14**課　相互理解　…………… *58*
1. "即使～，也…"
2. "不但～，而且/还…"
3. "除非～，否则…"
4. "既然～，也/还/就…"

使用語句リスト　………………………………………………………………… *62*

🎧 2

我　自我　介绍　一下。　我　姓　小林，叫　小林　彩香。　小　是　大小
Wǒ　zìwǒ　jièshào　yíxià.　Wǒ　xìng　Xiǎolín,　jiào　Xiǎolín　Cǎixiāng.　Xiǎo　shì　dàxiǎo

的　小、林　是　双　木　林，彩　是　彩色　的　彩、香　是　芳香　的　香。
de　xiǎo、Lín　shì　shuāng　mù　lín,　Cǎi　shì　cǎisè　de　cǎi,　Xiāng　shì　fāngxiāng　de　xiāng.

朋友们　都　叫[1]我　彩香，你　也　叫　我　彩香　吧[2]
Péngyoumen　dōu　jiào　wǒ　Cǎixiāng,　nǐ　yě　jiào　wǒ　Cǎixiāng　ba.

我　是[3] 1999　年　出生　的，今年　20　岁。我　的　生日　是　4　月
Wǒ　shì　yī jiǔ jiǔ jiǔ　nián　chūshēng　de,　jīnnián　èrshí　suì.　Wǒ　de　shēngrì　shì　sì　yuè

10　号，白羊座。很　高兴　认识　你，我们　交　个　朋友　吧！
shí　hào,　báiyángzuò.　Hěn　gāoxìng　rènshi　nǐ,　wǒmen　jiāo　ge　péngyou　ba !

我　介绍　一下　我　的　家人。我　家　有　四　口　人，爸爸、妈妈、哥哥
Wǒ　jièshào　yíxià　wǒ　de　jiārén.　Wǒ　jiā　yǒu　sì　kǒu　rén,　bàba、māma、gēge

和　我。我　爸爸　是　公司　职员，妈妈　是　公务员。我　哥哥　很　喜欢
hé　wǒ.　Wǒ　bàba　shì　gōngsī　zhíyuán,　māma　shì　gōngwùyuán.　Wǒ　gēge　hěn　xǐhuan

看　电影，他　给[4]我　介绍了　很　多　中国　电影。汉语　的　发音　很
kàn　diànyǐng,　tā　gěi　wǒ　jièshàole　hěn　duō　Zhōngguó　diànyǐng.　Hànyǔ　de　fāyīn　hěn

难，不过，我　喜欢　学　汉语。我　想　跟　中国　朋友　用　汉语
nán,　búguò,　wǒ　xǐhuan　xué　Hànyǔ.　Wǒ　xiǎng　gēn　Zhōngguó　péngyou　yòng　Hànyǔ

聊天儿。
liáotiānr.

🎧 3　語句

自我介绍 zìwǒ jièshào：自己紹介する　　一下 yíxià：ちょっと（〜する）　　双 shuāng：2つの　　彩色 cǎisè：カラー、さまざまな色　　芳香 fāngxiāng：香りがよい　　出生 chūshēng：生まれる　　白羊座 báiyángzuò：おひつじ座　　交朋友 jiāo péngyou：友だちになる、友だち付き合いをする　　发音 fāyīn：発音　　聊天儿 liáotiānr：おしゃべりをする

1 二重目的語をとる動詞 "叫"

［"叫" ＋ 人 ＋ 名前］の形で、「～を…という（呼ぶ）」という意味になる。

我　妈妈　**叫**　我　阿香。　　　　　　　　　　　阿:〔名前の前につけて親しみを表す〕
Wǒ　māma　jiào　wǒ　Āxiāng.

我　**叫**　她　张　阿姨。　　　　　　　　　　　　　阿姨:おばさん
Wǒ　jiào　tā　Zhāng　āyí.

2 文末の助詞 "吧"

"吧" は文末に置き、提案、軽い命令、推量、確認、勧誘、相談、承知などのニュアンスを表す。

这　是　你　的　雨伞　**吧**?　　　　〔推量〕
Zhè　shì　nǐ　de　yǔsǎn　ba?

喝　杯　茶　**吧**!　　　　　　　　　〔提案・勧誘〕
Hē　bēi　chá　ba!

3 "是～的" 構文

"是" ＋　時間・場所・手段など　＋　動詞　＋ "的"

＊　実現済みの動作について、それが行われた時間・場所・手段などを強調するときに使う。

他　是　在　上海　出生　的。　　　　　〔場所〕
Tā　shì　zài　Shànghǎi　chūshēng　de.

这　件　衣服　不　是　今年　买　的。　〔時間〕
Zhè　jiàn　yīfu　bú　shì　jīnnián　mǎi　de.

4 介詞 "给"

介詞の "给" は動作の対象を導き、「～に」「～のために」という意味を表す。

他　给　我　介绍　中国　的　音乐。
Tā　gěi　wǒ　jièshào　Zhōngguó　de　yīnyuè.

我　给　你　看　一下　我们　家　的　全家福。　　　全家福:家族写真
Wǒ　gěi　nǐ　kàn　yíxià　wǒmen　jiā　de　quánjiāfú.

参考 動詞 "给" は「あげる、与える」という意味で、「(人)に」「(もの)を」という二重目的語をとる。

我　给　你　这个。
Wǒ　gěi　nǐ　zhèige.

① （　　）にふさわしい語句を入れて発音しなさい。

1) 私は電車で来たのです。
我 （　　　　） 坐 电车 来 （　　　　　）。
Wǒ　　　　　　　zuò diànchē lái

2) 私はあなたに誕生日プレゼントを買ってあげます。
我 （　　　　） 你 买 生日 礼物。
Wǒ　　　　　　nǐ mǎi shēngrì lǐwù.

3) 週末、私の家に遊びに来てください。
周末 你 来 我 家 玩儿 （　　　　　）。
Zhōumò nǐ lái wǒ jiā wánr

4) クラスメートたちはみな彼女を彩香と呼びます。
同学们 都 （　　　　） 她 彩香。
Tóngxuémen dōu　　　　　tā Cǎixiāng.

② 日本語に合うよう語句を並べ替え、文を完成させなさい。

1) 彼は私をお兄さんと呼びます。
〔 他 ／ 我 ／ 大哥 ／ 叫 〕

　　　　　　　　　　　　　　　　　　　　　　　大哥 dàgē：お兄さん

2) 私たち一緒に食事に行きましょう。
〔 吧 ／ 一起 ／ 吃 ／ 去 ／ 饭 ／ 我们 〕

3) これは中国で買ったのではありません。
〔 买 ／ 是 ／ 在 ／ 中国 ／ 的 ／ 不 ／ 这 〕

4) 私たちのキャンパスライフをあなたに紹介します。
〔 一下 ／ 校园生活 ／ 我们的 ／ 你 ／ 我 ／ 给 ／ 介绍 〕

　　　　　　　　　　　　　　　　　　　　校园 xiàoyuán：キャンパス

③ 下線部に注意しながら、次の日本語を中国語に訳しなさい。

1) あなたは何年に生まれたのですか。
　　　　　　　　　　　　　　　　　　　　何年：哪年 nǎ nián

2) 私たち中国語でおしゃべりしましょう。

3) 私にちょっと見せてください。

1) 本文の内容について、小林さん（"我"）になったつもりで質問に答えましょう。

2) 回答例を参考に、自分だったらどう答えるか考えてみましょう。

Q1 你 的 名字 怎么 写？
Nǐ de míngzi zěnme xiě?

1)

2) 铃 是 铃声 的 铃， 木 是 木头 的 木， 广 是 广大 的 广。
Líng shì língshēng de líng, Mù shì mùtou de mù, Guǎng shì guǎngdà de guǎng.

我 写 一下 吧。 木头：材木
Wǒ xiě yíxià ba.

Q2 我 怎么 称呼 你 比较 好 呢？ 称呼：～と呼ぶ
Wǒ zěnme chēnghu nǐ bǐjiào hǎo ne?

1)

2) 直接 叫 我 佐藤 吧。 直接：直接、じかに
Zhíjiē jiào wǒ Zuǒténg ba.

你 叫 我 千惠 吧。
Nǐ jiào wǒ Qiānhuì ba.

Q3 你 今年 多 大 了？
Nǐ jīnnián duō dà le?

1)

2) 我 十九 岁 了。
Wǒ shíjiǔ suì le.

我 刚 过 生日， 二十 了。 刚：～したばかりだ
Wǒ gāng guò shēngrì, èrshí le.

Q4 你 家 有 几 口 人？
Nǐ jiā yǒu jǐ kǒu rén?

1)

2) 我 家 有 五 口 人， 爸爸、 妈妈、 两 个 姐姐 和 我。
Wǒ jiā yǒu wǔ kǒu rén, bàba, māma, liǎng ge jiějie hé wǒ.

我 家 有 六 口 人， 爷爷、 奶奶、 爸爸、 妈妈、 弟弟 和 我。
Wǒ jiā yǒu liù kǒu rén, yéye, nǎinai, bàba, māma, dìdi hé wǒ.

第2課 家

6

我 是 九州人，我 老家 在 长崎。从[1] 东京 到 长崎 坐 飞机
Wǒ shì Jiǔzhōurén, wǒ lǎojiā zài Chángqí. Cóng Dōngjīng dào Chángqí zuò fēijī

大概 要 两 个 小时。长崎 的 自然 环境 很 好，夏天 还 可以[2]
dàgài yào liǎng ge xiǎoshí. Chángqí de zìrán huánjìng hěn hǎo, xiàtiān hái kěyǐ

去 海边 游泳。那里 有 很 多 好吃 的 东西，我 想 你 一定 会[2]
qù hǎibiān yóuyǒng. Nàli yǒu hěn duō hǎochī de dōngxi, wǒ xiǎng nǐ yídìng huì

喜欢 的。
xǐhuan de.

长崎 离[1] 东京 大概 有 1000 公里，离 上海 只 有 860
Chángqí lí Dōngjīng dàgài yǒu yìqiān gōnglǐ, lí Shànghǎi zhǐ yǒu bābǎi liùshí

公里。长崎 有 独特 的 文化。那儿 还 有 中华街，可以 感受到
gōnglǐ. Chángqí yǒu dútè de wénhuà. Nàr hái yǒu Zhōnghuájiē, kěyǐ gǎnshòudào

中国 的 风土 人情。我 高中 毕业 以后，离开 长崎 到 东京 来
Zhōngguó de fēngtǔ rénqíng. Wǒ gāozhōng bìyè yǐhòu, líkāi Chángqí dào Dōngjīng lái

上 大学。
shàng dàxué.

现在 我 住在 东京 的 郊区。天气 好 的 时候 还 能[2] 看到
Xiànzài wǒ zhùzài Dōngjīng de jiāoqū. Tiānqì hǎo de shíhou hái néng kàndào

富士山。从 我 家 到 附近 的 车站，骑 自行车 大概 5 分钟。我
Fùshìshān. Cóng wǒ jiā dào fùjìn de chēzhàn, qí zìxíngchē dàgài wǔ fēnzhōng. Wǒ

家 附近 有 一 个 公园，我 经常 去 那边 散步。欢迎 你 到 我
jiā fùjìn yǒu yí ge gōngyuán, wǒ jīngcháng qù nàbiān sànbù. Huānyíng nǐ dào wǒ

家 来 做客！
jiā lái zuòkè!

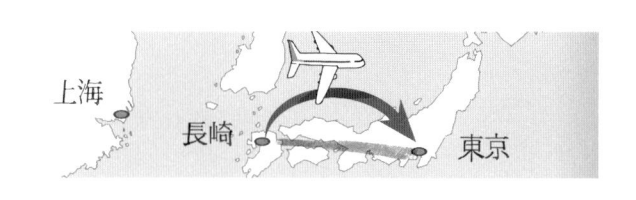

7 語句

大概 dàgài：だいたい、およそ　　**环境** huánjìng：環境　　**公里** gōnglǐ：キロメートル　　**独特** dútè：独特である、
特有の　　**中华街** Zhōnghuájiē：中華街　　**感受到** gǎnshòudào：〜を感じる　　**风土** fēngtǔ：風土　　**毕业** bìyè：
卒業する　　**以后** yǐhòu：以後、〜の後　　**离开** líkāi：離れる　　**住在** zhùzài：〜に住む　　**郊区** jiāoqū：郊外
附近 fùjìn：付近、近所　　**经常** jīngcháng：いつも、常に　　**欢迎** huānyíng：歓迎する　　**做客** zuòkè：客になる

1 "从" と "离"

　いずれも場所や時間について使い、"从"は「～から」「～より」と起点を表し、"离"は「～から」「～まで」と隔たりがあることを表す。

我　从　去年　四月份　开始　学　汉语。
Wǒ　cóng　qùnián　sì yuèfèn　kāishǐ　xué　Hànyǔ.

从　东京　到　北京　坐　飞机　大概　要　四　个　小时。
Cóng　Dōngjīng　dào　Běijīng　zuò　fēijī　dàgài　yào　sì　ge　xiǎoshí.

从～到…：～から…まで

我　家　离　车站　很　近。
Wǒ　jiā　lí　chēzhàn　hěn　jìn.

离　暑假　还　有　三　个　星期。
Lí　shǔjià　hái　yǒu　sān　ge　xīngqī.

2 可能を表す3つの助動詞

　"可以" —— 客観的な条件や許可により「～できる」「～してよい」という意味を表す。
　　　　　　否定形は「～してはいけない」という禁止の意味になる。

在　京都　可以　看到　很　多　名胜　古迹。　　　　　名胜古迹：名所旧跡
Zài　Jīngdū　kěyǐ　kàndào　hěn　duō　míngshèng　gǔjì.

学校　宿舍　不　可以　养　宠物。　　　　　　　　　宠物：ペット
Xuéxiào　sùshè　bù　kěyǐ　yǎng　chǒngwù.

你　等　我　一下，可以　吗？
Nǐ　děng　wǒ　yíxià,　kěyǐ　`ma?

　"会" —— 練習や学修の成果として「～できる」という意味を表す。
　　　　　「～だろう」「～のはずだ」と可能性を表すこともできる。

我　会　说　一点儿　汉语。
Wǒ　huì　shuō　yìdiǎnr　Hànyǔ.

过节　的　时候　一定　会　很　热闹　吧。　　　　　过节：祝日を過ごす
Guòjié　de　shíhou　yídìng　huì　hěn　rènao　ba.

　"能" —— 能力や条件があって「～できる」という意味を表す。

我　能　用　汉语　自我　介绍。
Wǒ　néng　yòng　Hànyǔ　zìwǒ　jièshào.

在　那儿　能　尝到　正宗　的　中国菜。　　　　　尝到：味わえる
Zài　nàr　néng　chángdào　zhèngzōng　de　Zhōngguócài.　　正宗：本場の、正真正銘の

1 （ ）にふさわしい語句を入れて発音しなさい。

1) 今日の午後は雨が降るでしょう。

今天　下午　（　　　　）　下　雨。
Jīntiān　xiàwǔ　　　　　　　　xià　yǔ.

2) ここで写真を撮ってもいいですか。

在　这儿　（　　　　）　拍照　吗？
Zài　zhèr　　　　　　　pāizhào　ma？

3) 私は小さいころからずっと書道を習っています。

我　（　　　　）　小时候　一直　学　书法。
Wǒ　　　　　xiǎoshíhou　yìzhí　xué　shūfǎ.

书法：書道

4) 彼はお酒を飲むことができますが、今日は飲めません。

他　（　　　　）　喝　酒，可是　今天　不　（　　　　）　喝。
Tā　　　　　hē　jiǔ,　kěshì　jīntiān　bù　　　　　　hē.

2 日本語に合うよう語句を並べ替え、文を完成させなさい。

1) 私の家から駅までだいたい 10 分かかります。

〔　要　/　我家　/　大概　/　车站　/　从　/　10 分钟　/　到　〕

2) 私は地元の郷土料理を作ることができます。

〔　做　/　我老家　/　我　/　家乡菜　/　会　/　的　〕

家乡菜 jiāxiāngcài：郷土料理

3) あなたは 100 メートル泳ぐことができますか。

〔　游　/　吗　/　能　/　你　/　一百米　〕

米 mǐ：メートル

4) あなたの辞書をちょっと借りてもいいですか。

〔　可以　/　一下　/　吗　/　我　/　你　/　借　/　的　/　词典　〕

3 下線部に注意しながら、次の日本語を中国語に訳しなさい。

1) 明日彼女は来る<u>でしょう</u>か。

2) <u>私の家から大学まで</u>自転車で 20 分です。

3) 私がアルバイトをしているところは<u>大学から</u>とても近いです。

1) 本文の内容について、小林さん（"我"）になったつもりで質問に答えましょう。

2) 回答例を参考に、自分だったらどう答えるか考えてみましょう。

Q1 你　是　什么　地方　人？
Nǐ　shì　shénme　dìfang　rén ?

1)

2)　我　是　东京人，　生在　　东京、　长在　　东京。 长在：〜で育つ
Wǒ　shì　Dōngjīngrén,　shēngzài　Dōngjīng,　zhǎngzài　Dōngjīng.

我　是　京都　出生　的，是　土　生　土　长　的　京都人。
Wǒ　shì　Jīngdū　chūshēng　de,　shì　tǔ　shēng　tǔ　zhǎng　de　Jīngdūrén.

土生土长：その地で生まれ育つ

Q2 你　家乡　都　有　什么　特点？ 家乡：ふるさと
Nǐ　jiāxiāng　dōu　yǒu　shénme　tèdiǎn ?

1)

2)　我们　那儿　的　夜景　特别　漂亮。
Wǒmen　nàr　de　yèjǐng　tèbié　piàoliang.

那儿　有　一　座　古老　的　城堡，是　世界　文化　遗产　之　一。
Nàr　yǒu　yí　zuò　gǔlǎo　de　chéngbǎo,　shì　shìjiè　wénhuà　yíchǎn　zhī　yī.

城堡：城

Q3 你　现在　住在　什么　地方？
Nǐ　xiànzài　zhùzài　shénme　dìfang ?

1)

2)　我　住在　横滨，我　家　离　车站　不　远。
Wǒ　zhùzài　Héngbīn,　wǒ　jiā　lí　chēzhàn　bù　yuǎn.

我　住在　市　中心，　交通　很　方便。
Wǒ　zhùzài　shì　zhōngxīn,　jiāotōng　hěn　fāngbiàn.

Q4 你　住　的　地方　环境　怎么样？
Nǐ　zhù　de　dìfang　huánjìng　zěnmeyàng ?

1)

2)　环境　还　可以，我　比较　满意。 还可以：まあまあだ
Huánjìng　hái　kěyǐ,　wǒ　bǐjiào　mǎnyì. 满意：満足する

我　家　附近　有　银行、邮局，还　有　很　多　商店，很　方便。
Wǒ　jiā　fùjìn　yǒu　yínháng,　yóujú,　hái　yǒu　hěn　duō　shāngdiàn,　hěn　fāngbiàn.

第 3 課　好きなこと

我 有 很 多 爱好。 室内 活动、户外 活动，我 都 喜欢。 最近
Wǒ yǒu hěn duō àihào. Shìnèi huódòng, hùwài huódòng, wǒ dōu xǐhuan. Zuìjìn

开始 学 打 太极拳 了[1] 除了[2] 打 太极拳 以外，我 每 星期 还 去
kāishǐ xué dǎ tàijíquán le. Chúle dǎ tàijíquán yǐwài, wǒ měi xīngqī hái qù

两 次 健身房。 这个 习惯 已经 保持了[1] 两 年 了。 运动 可以 锻炼
liǎng cì jiànshēnfáng. Zhèige xíguàn yǐjīng bǎochíle liǎng nián le. Yùndòng kěyǐ duànliàn

身体，同时 也 可以 放松 自己。
shēntǐ, tóngshí yě kěyǐ fàngsōng zìjǐ.

我 每天 尽量 自己 做 饭。 我 一般 星期天 去 超市 买 东西。
Wǒ měitiān jǐnliàng zìjǐ zuò fàn. Wǒ yìbān xīngqītiān qù chāoshì mǎi dōngxi.

自己 做 的 饭 比较 健康，还 可以 省 钱。
Zìjǐ zuò de fàn bǐjiào jiànkāng, hái kěyǐ shěng qián.

有 时候，我 跟 朋友们 一起 到 外面 去 吃 饭。 我们 选
Yǒu shíhou, wǒ gēn péngyoumen yìqǐ dào wàimian qù chī fàn. Wǒmen xuǎn

餐厅 的 标准 是 又[3] 好吃 又 便宜。 我们 有 时候 会 选择 可以
cāntīng de biāozhǔn shì yòu hǎochī yòu piányi. Wǒmen yǒu shíhou huì xuǎnzé kěyǐ

畅饮 的 地方，有 时候 会 找 甜品 种类 丰富 的 场所。
chàngyǐn de dìfang, yǒu shíhou huì zhǎo tiánpǐn zhǒnglèi fēngfù de chǎngsuǒ.

语句

爱好 àihào：趣味　　室内 shìnèi：インドア　　户外 hùwài：アウトドア　　打太极拳 dǎ tàijíquán：太極拳をする
健身房 jiànshēnfáng：トレーニング・ジム　　习惯 xíguàn：習慣　　已经 yǐjīng：すでに　　保持 bǎochí：持ち続ける、保つ　　锻炼 duànliàn：鍛える　　放松 fàngsōng：リラックスさせる　　尽量 jǐnliàng：できるだけ　　省 shěng：節約する　　选 xuǎn：選ぶ　　标准 biāozhǔn：基準　　选择 xuǎnzé：選ぶ　　畅饮 chàngyǐn：心行くまで飲む、飲み放題　　甜品 tiánpǐn：スイーツ　　种类 zhǒnglèi：種類　　丰富 fēngfù：豊富である　　场所 chǎngsuǒ：場所

1 "了" の用法（1）

① 文末に置かれた "了" は、状況の「発生」や「変化」を表す。

运动鞋　和　毛巾　都　准备好　了。
Yùndòngxié　hé　máojīn　dōu　zhǔnbèihǎo　le.

运动鞋：スニーカー
毛巾：タオル

我　最近　不　去　那　家　咖啡厅　了。
Wǒ　zuìjìn　bú　qù　nà　jiā　kāfēitīng　le.

咖啡厅：カフェ

② 動詞の後ろにある "了" は動作の「完了」、文末の "了" は新たな状況の「発生」を表す。

我　学　汉语　学了　一　年　了。
Wǒ　xué　Hànyǔ　xuéle　yì　nián　le.

　　＊ 現在まで1年間続けた（完了）だけでなく、1年経った（新たな状況の発生）という意味も含
　　　まれ、現在もまだ続けている（継続）という意味になる。

我　已经　跑了　十　多　公里　了。
Wǒ　yǐjīng　pǎole　shí　duō　gōnglǐ　le.

2 "除了～以外…"

「～を除いて、ほかに…」という意味で、"以外" を省略することもできる。

除了　胡萝卜　以外，蔬菜　我　都　喜欢　吃。
Chúle　húluóbo　yǐwài,　shūcài　wǒ　dōu　xǐhuan　chī.

胡萝卜：にんじん

除了　乌龙茶，还　有　绿茶、红茶、花茶。
Chúle　wūlóngchá,　hái　yǒu　lǜchá,　hóngchá,　huāchá.

3 "又～又…"「～でもあるし、また…でもある」

鲜榨　果汁　又　好喝　又　健康。
Xiānzhà　guǒzhī　yòu　hǎohē　yòu　jiànkāng.

鲜榨果汁：フレッシュジュース

这　家　餐厅　的　饭菜　又　干净　又　正宗。
Zhè　jiā　cāntīng　de　fàncài　yòu　gānjìng　yòu　zhèngzōng.

干净：きれいである、衛生的だ

1　（　　）にふさわしい語句を入れて発音しなさい。

1) 最近、私はこのアプリを使いはじめました。
我　最近　开始　用　这个　软件　（　　　　）。
Wǒ　zuìjìn　kāishǐ　yòng　zhèige　ruǎnjiàn

软件：アプリ

2) チョコレートのほかに、私はアイスクリームも好きです。
（　　　　）巧克力（　　　　），我　还　喜欢　吃　冰淇淋。
　　　　　qiǎokèlì　　　　　wǒ　hái　xǐhuan　chī　bīngqílín.

3) この靴は私の一番のお気に入りで、かわいくて履きやすいです。
这　双　鞋子　是　我　的　最爱，（　　　　）可爱（　　　　）好穿。
Zhè　shuāng　xiézi　shì　wǒ　de　zuì'ài,　　　kě'ài　　　hǎochuān.

好穿：履きやすい

4) 彼女は友だちと電話中で、もう1時間も話しています。
她　跟　朋友　打　电话，已经　打（　　　　）一　个　小时（　　　　）。
Tā　gēn　péngyou　dǎ　diànhuà,　yǐjīng　dǎ　　　　yí　ge　xiǎoshí

2　日本語に合うよう語句を並べ替え、文を完成させなさい。

1) このバッグはきれいで実用的です。
〔　包　/　又　/　又　/　漂亮　/　这个　/　实惠　〕

实惠 shíhuì：実用的である

2) もう9時だ。早く家に帰ろうよ。
〔　了　/　已经　/　九点　/　家　/　快　/　吧　/　回　〕

3) 私は2時間ゲームをしています。
〔　两个小时　/　我　/　玩儿　/　游戏　/　了　/　了　〕

4) パソコンのほかに、私はタブレット型端末も持っています。
〔　以外　/　有　/　除了　/　电脑　/　平板电脑　/　还　/　我　〕
平板电脑 píngbǎn diànnǎo：タブレット型端末

3　下線部に注意しながら、次の日本語を中国語に訳しなさい。

1) 私はピアノを5年間学んでいます。
ピアノを弾く：弹钢琴 tán gāngqín

2) 英語のほかに、私は中国語と韓国語も話すことができます。
韓国語：韩语 Hányǔ

3) このスニーカーはきれいで値段も安いです。

1) 本文の内容について、小林さん（"我"）になったつもりで質問に答えましょう。

2) 回答例を参考に、自分だったらどう答えるか考えてみましょう。

Q1 你 喜欢 室内 活动 还是 户外 活动？
Nǐ xǐhuan shìnèi huódòng háishi hùwài huódòng ?

1)

2) 我 喜欢 室内 活动， 乒乓球、 台球 都 喜欢。
Wǒ xǐhuan shìnèi huódòng, pīngpāngqiú, táiqiú dōu xǐhuan.

我 很 喜欢 户外 活动， 经常 跟 朋友 出去 露营。　露营：キャンプ
Wǒ hěn xǐhuan hùwài huódòng, jīngcháng gēn péngyou chūqu lùyíng.

Q2 你 喜欢 做 什么？
Nǐ xǐhuan zuò shénme ?

1)

2) 我 喜欢 听 音乐， 唱 歌。
Wǒ xǐhuan tīng yīnyuè, chàng gē.

我 喜欢 玩儿 网游。　网游：ネットゲーム
Wǒ xǐhuan wánr wǎngyóu.

Q3 你 在 家 自己 做 饭 吗？
Nǐ zài jiā zìjǐ zuò fàn ma ?

1)

2) 周末 有 时间 的 时候 自己 做 饭。
Zhōumò yǒu shíjiān de shíhou zìjǐ zuò fàn.

我 没有 时间， 也 不 会 做 饭。
Wǒ méiyǒu shíjiān, yě bú huì zuò fàn.

Q4 你 跟 朋友 一起 吃 饭 的 时候 会 选择 什么样 的 地方？
Nǐ gēn péngyou yìqǐ chī fàn de shíhou huì xuǎnzé shénmeyàng de dìfang ?

1)

2) 我 比较 重视 气氛， 安静 舒服 的 地方 最 好。　气氛：雰囲気
Wǒ bǐjiào zhòngshì qìfen, ānjìng shūfu de dìfang zuì hǎo.

我们 一定 要 选 自助餐。　自助餐：バイキング
Wǒmen yídìng yào xuǎn zìzhùcān.

第4課　SNS

14

我　平时　用　手机　跟　朋友　联系。　我　觉得　LINE　比[1]　邮件　更
Wǒ　píngshí　yòng　shǒujī　gēn　péngyou　liánxì.　Wǒ　juéde　LINE　bǐ　yóujiàn　gèng

方便。　我们　可以　轻松　愉快　地[2]　交流，　发送　贴图、　照片。
fāngbiàn.　Wǒmen　kěyǐ　qīngsōng　yúkuài　de　jiāoliú,　fāsòng　tiētú,　zhàopiàn.

用　手机　上网　就　可以　看到　朋友们　在[3]　做　什么、　聊　什么。
Yòng　shǒujī　shàngwǎng　jiù　kěyǐ　kàndào　péngyoumen　zài　zuò　shénme,　liáo　shénme.

我　的　生活　已经　离不开　社交网　了。　除了　推特、　脸书　以外，　我　最近
Wǒ　de　shēnghuó　yǐjīng　líbukāi　shèjiāowǎng　le.　Chúle　Tuītè,　Liǎnshū　yǐwài,　wǒ　zuìjìn

每天　都　用　照片墙。　发　照片　的　方法　一点儿　也　不[4]　难。　我　随
měitiān　dōu　yòng　Zhàopiànqiáng.　Fā　zhàopiàn　de　fāngfǎ　yìdiǎnr　yě　bù　nán.　Wǒ　suí

时　随　地　拍照　记录　自己　的　生活，　然后　跟　大家　分享。
shí　suí　dì　pāizhào　jìlù　zìjǐ　de　shēnghuó,　ránhòu　gēn　dàjiā　fēnxiǎng.

我　告诉　你　我　的　电话　号码　吧。　你　记　一下，　090　–　1234　–
Wǒ　gàosu　nǐ　wǒ　de　diànhuà　hàomǎ　ba.　Nǐ　jì　yíxià,　líng jiǔ líng - yāo èr sān sì -

5678。　我　最近　开始　用　微信　了。　你　看，　这　是　我　的　微信号，
wǔ liù qī bā.　Wǒ　zuìjìn　kāishǐ　yòng　Wēixìn　le.　Nǐ　kàn,　zhè　shì　wǒ　de　Wēixìnhào,

你　扫　我　的　二维码　吧。　以后，　我们　可以　用　微信　联系。
nǐ　sǎo　wǒ　de　èrwéimǎ　ba.　Yǐhòu,　wǒmen　kěyǐ　yòng　Wēixìn　liánxì.

15 　語句

联系 liánxì：連絡する　　邮件 yóujiàn：メール　　轻松 qīngsōng：気楽である　　发送 fāsòng：送信する　　贴图 tiētú：スタンプ〔LINE や WeChat で使用されるイラスト〕　　聊 liáo：おしゃべりをする　　离不开 líbukāi：離れられない　　社交网 shèjiāowǎng：SNS（ソーシャル・ネットワーキング・サービス）　　推特 Tuītè：Twitter　　脸书 Liǎnshū：Facebook　　照片墙 Zhàopiànqiáng：Instagram　　随时随地 suí shí suí dì：いつでもどこでも　　记录 jìlù：記録する　　然后 ránhòu：その後、それから　　分享 fēnxiǎng：シェアする、分かち合う　　记 jì：書き留める　　微信 Wēixìn：WeChat〔中国の SNS アプリ〕　　微信号 Wēixìnhào：WeChat のアカウント　　扫 sǎo：スキャンする　　二维码 èrwéimǎ：QR コード

1 比較表現

A 比 B ～ 「A は B より～だ」

A 没有 B ～ 「A は B ほど～ではない」

平板 电脑 比 笔记本 电脑 更 方便。
Píngbǎn diànnǎo bǐ bǐjìběn diànnǎo gèng fāngbiàn.

＊ 程度を表す副詞 "更" "还" を使うと「A は B よりさらに～だ」という意味になる。

最近 在 中国 iPhone 没有 小米 手机 受 欢迎。
Zuìjìn zài Zhōngguó iPhone méiyǒu Xiǎomǐ shǒujī shòu huānyíng.

小米：〔中国の家電メーカー〕 受欢迎：人気がある

2 動詞の前に置く "地"

修飾語 ＋ "地" ＋ 動詞（＋目的語）

＊ 形容詞、成語、フレーズなどが "地" を伴って修飾語となる。

她 不 停 地 看 手机、自拍。 自拍：自撮りする
Tā bù tíng de kàn shǒujī, zìpāi.

我们 非常 认真 地 学习 汉语。
Wǒmen fēicháng rènzhēn de xuéxí Hànyǔ.

3 副詞 "在"

"在" ＋ 動詞（＋目的語）（＋"呢"） 「～しているところだ」

我 现在 在 下载 手机 铃声 呢。 下载：ダウンロードする
Wǒ xiànzài zài xiàzǎi shǒujī língshēng ne. 手机铃声：着信メロディ

我 在 用 手机 扫 二维码。
Wǒ zài yòng shǒujī sǎo èrwéimǎ.

4 否定の強調

"一点儿" ＋ "也/都" ＋ 否定 「少しも～ではない」

我 对 网游 一点儿 也 没有 兴趣。
Wǒ duì wǎngyóu yìdiǎnr yě méiyǒu xìngqù.

我 对 手机 支付 一点儿 都 不 了解。 手机支付：スマホ決済
Wǒ duì shǒujī zhīfù yìdiǎnr dōu bù liǎojiě.

1 （　　　）にふさわしい語句を入れて発音しなさい。

1) もしもし、いま何をしているの？
喂， 你 现在 （　　　　） 做 什么？
Wéi, nǐ xiànzài zuò shénme ?

2) 最近私はパソコンよりもスマートフォンを使います。
最近 我 用 手机 （　　　　） 电脑 更 多。
Zuìjìn wǒ yòng shǒujī diànnǎo gèng duō.

3) どうぞ遠慮せずに私に言ってください。
请 不要 客气 （　　　　） 告诉 我 吧。
Qǐng búyào kèqi gàosu wǒ ba. 　　　　　不要：～してはならない

4) QR コードをスキャンする方法は少しも難しくありません。
扫 二维码 的 方法 一点儿 （　　　　） 不 难。
Sǎo èrwéimǎ de fāngfǎ yìdiǎnr bù nán.

2 日本語に合うよう語句を並べ替え、文を完成させなさい。

1) この充電器はあれほど高くない。
〔 贵 ／ 那个 ／ 充电宝 ／ 没有 ／ 这个 〕
充电宝 chōngdiànbǎo：モバイルバッテリー

2) 彼はずっとスマートフォンを見ています。
〔 手机 ／ 看 ／ 在 ／ 他 ／ 呢 ／ 一直 〕

3) 私は少しもお酒を飲んでいません。
〔 也 ／ 我 ／ 酒 ／ 一点儿 ／ 没 ／ 喝 〕

4) 私たちが一緒に写真を撮ったとき、彼はうれしそうに笑った。
〔 高兴 ／ 他 ／ 我们 ／ 地 ／ 的时候 ／ 笑 ／ 合影 ／ 了 〕
合影 héyǐng：一緒に写真を撮る

3 下線部に注意しながら、次の日本語を中国語に訳しなさい。

1) 私のスマートフォンはいま充電中です。　　　　　充電する：充电 chōngdiàn

2) 私は Facebook よりも Instagram のほうがおもしろいと思います。

3) 私は 3 時間勉強していますが、少しも疲れません。　　　　疲れている：累 lèi

1) 本文の内容について、小林さん（"我"）になったつもりで質問に答えましょう。

2) 回答例を参考に、自分だったらどう答えるか考えてみましょう。

Q1 你 的 手机号 是 多少？
Nǐ de shǒujīhào shì duōshao?

1)

2) 请 记 一下， 我 的 手机号 是……
Qǐng jì yíxià, wǒ de shǒujīhào shì......

我 打给 你 吧， 你 的 手机号 是 多少？　　打给：～に（電話を）かける
Wǒ dǎgěi nǐ ba, nǐ de shǒujīhào shì duōshao?

Q2 你 一般 用 手机 做 些 什么？
Nǐ yìbān yòng shǒujī zuò xiē shénme?

1)

2) 我 每天 看 视频。　　　　　　　　　　　　视频：動画
Wǒ měitiān kàn shìpín.

我 经常 上网 看 新闻、 查 词典。　　查：（辞書を）引く
Wǒ jīngcháng shàngwǎng kàn xīnwén, chá cídiǎn.

Q3 你 平时 用 社交 软件 吗？
Nǐ píngshí yòng shèjiāo ruǎnjiàn ma?

1)

2) 当然 了， 我 用 的 最 多 的 是 LINE。
Dāngrán le, wǒ yòng de zuì duō de shì LINE.

我 最近 不 太 用 社交 软件。
Wǒ zuìjìn bú tài yòng shèjiāo ruǎnjiàn.

Q4 你 有 微信 吗？
Nǐ yǒu Wēixìn ma?

1)

2) 当然 有。 我 扫 你 的 二维码， 咱们 加 个 好友 吧。
Dāngrán yǒu. Wǒ sǎo nǐ de èrwéimǎ, zánmen jiā ge hǎoyǒu ba.

加好友：（SNSで）友だちとして追加する

没有， 你 教教 我 吧。
Méiyǒu, nǐ jiāojiao wǒ ba.

第5課 休日

(18) 周末 的 时候 我 很 忙。 做 作业、 洗 衣服、 打扫 房间、 买
Zhōumò de shíhou wǒ hěn máng. Zuò zuòyè、 xǐ yīfu、 dǎsǎo fángjiān、 mǎi

东西, 该 做 的 事情 太 多 了。 另外, 我 还 经常 去 健身房
dōngxi, gāi zuò de shìqing tài duō le. Lìngwài, wǒ hái jīngcháng qù jiànshēnfáng

锻炼 身体。 最近 我 有点儿 胖, 想 减肥。
duànliàn shēntǐ. Zuìjìn wǒ yǒudiǎnr pàng, xiǎng jiǎnféi.

明天 我 准备 先[1] 去 美发店 剪 头发, 再 去 逛街 购物。 回
Míngtiān wǒ zhǔnbèi xiān qù měifàdiàn jiǎn tóufa, zài qù guàngjiē gòuwù. Huí

家 以后 还 要 做 作业。 下 周一 有 汉语 的 考试, 我 要 好好儿
jiā yǐhòu hái yào zuò zuòyè. Xià zhōuyī yǒu Hànyǔ de kǎoshì, wǒ yào hǎohāor

复习 功课 了。
fùxí gōngkè le.

因为[2] 我 老家 很 远, 所以 一 年 只 能 回 一 次。 今年 准备
Yīnwèi wǒ lǎojiā hěn yuǎn, suǒyǐ yì nián zhǐ néng huí yí cì. Jīnnián zhǔnbèi

过年 的 时候 回 家 看看 父母。 如果[3] 离 老家 不 远 的 话, 我 就
guònián de shíhou huí jiā kànkan fùmǔ. Rúguǒ lí lǎojiā bù yuǎn de huà, wǒ jiù

可以 经常 回 家 吃 饭 了。
kěyǐ jīngcháng huí jiā chī fàn le.

今年 暑假 你 有 什么[4] 计划 吗？ 我 打算 去 中国 旅游。 你
Jīnnián shǔjià nǐ yǒu shénme jìhuà ma？ Wǒ dǎsuàn qù Zhōngguó lǚyóu. Nǐ

方便 的 话, 我们 一起 去 吧。
fāngbiàn de huà, wǒmen yìqǐ qù ba.

(19) 語句 ────────

打扫 dǎsǎo：掃除をする　　该 gāi：〜すべきである、〜する必要がある　　另外 lìngwài：別に、ほかに　　胖
pàng：太っている　　减肥 jiǎnféi：ダイエットをする　　准备 zhǔnbèi：準備する　　美发店 měifàdiàn：美容院
剪头发 jiǎn tóufa：髪を切る　　逛街 guàngjiē：街をぶらぶらする　　购物 gòuwù：買い物をする　　下周一 xià
zhōuyī：次の月曜日　　好好儿 hǎohāor：よく、ちゃんと　　功课 gōngkè：勉強　　过年 guònián：年を越す
计划 jìhuà：計画

1 "先～，再…" 「まず／先に～、それから…」

我 **先** 洗 手， **再** 吃 饭。
Wǒ xiān xǐ shǒu, zài chī fàn.

我 **先** 写 作业， **再** 看 电视。
Wǒ xiān xiě zuòyè, zài kàn diànshì.

2 "因为～，所以…"

「～なので、だから…」と理由や原因を表す。

因为 他 刚 买了 新 车， **所以** 经常 去 海边 兜风。
Yīnwèi tā gāng mǎile xīn chē, suǒyǐ jīngcháng qù hǎibiān dōufēng.

兜风：ドライブする

周末 要 参加 朋友 的 生日 派对， **所以** 我 要 去 买 礼物。
Zhōumò yào cānjiā péngyou de shēngrì pàiduì, suǒyǐ wǒ yào qù mǎi lǐwù.

派対：パーティ

3 "如果～的话…"

「もし～ならば…」と仮定を表す。"如果" を省略する場合もある。

如果 有 时间 **的 话**， 你 来 我 家 玩儿 吧。
Rúguǒ yǒu shíjiān de huà, nǐ lái wǒ jiā wánr ba.

我 去 中国 旅游 **的 话**, 想 去 苏州 看看。
Wǒ qù Zhōngguó lǚyóu de huà, xiǎng qù Sūzhōu kànkan.

苏州：蘇州

4 不定を表す "什么"

疑問詞 "什么" には、疑問を表さず、「何か」という意味を表す用法がある。

有 **什么** 好看 的 电视 连续剧 吗？
Yǒu shénme hǎokàn de diànshì liánxùjù ma?

好看：おもしろい
连续剧：連続ドラマ

最近 有 **什么** 好 事， 你 就 告诉 我 吧。
Zuìjìn yǒu shénme hǎo shì, nǐ jiù gàosu wǒ ba.

参考 文末に "吗" がなければ、疑問文中の "什么" は「何」「どんな」を表す。

有 **什么** 好看 的 电视 连续剧？
Yǒu shénme hǎokàn de diànshì liánxùjù?

① （　　）にふさわしい語句を入れて発音しなさい。

1） もし気に入ったなら、あなたにプレゼントしますよ。

（　　　　）你　喜欢　（　　　　），就　送给　你　吧。
　　　　　　nǐ　xǐhuan　　　　　　jiù　sònggěi　nǐ　ba.

2） 週末は用事があるので、映画を見に行けません。

（　　　　）周末　有　事，（　　　　）不　能　去　看　电影。
　　　　　　zhōumò　yǒu　shì,　　　　　　bù　néng　qù　kàn　diànyǐng.

3） 私は毎朝まず歯を磨いてから顔を洗います。

我　每天　早上　（　　　　）刷　牙，（　　　　）洗　脸。
Wǒ　měitiān　zǎoshang　　　　shuā　yá,　　　　　　xǐ　liǎn.　　　刷牙：歯を磨く

4） 飲食に関して、何か食べないように気をつけているものはありますか。

饮食　方面　你　有　（　　　　）忌口　吗？
Yǐnshí　fāngmiàn　nǐ　yǒu　　　　jìkǒu　ma？　　　忌口：特定の食べ物を避けること

② 日本語に合うよう語句を並べ替え、文を完成させなさい。

1） 私はまず郵便局行って、それからバイトに行きます。
〔　再　／　打工　／　邮局　／　我　／　去　／　去　／　先　〕

2） 何かおいしいものはありますか。
〔　什么　／　的　／　好吃　／　有　／　吗　／　东西　〕

3） もし時間があったら、一緒にカラオケに行きましょう。
〔　唱　／　咱们　／　时间　／　卡拉OK　／　如果　／　你　／　去　／　有　／　的话　／　一起　／　吧　〕
　　　　　　　　　　　　唱卡拉OK chàng kǎlāOK：カラオケをする

4） 明日はサッカーの試合があるので、私は早く起きなければなりません。
〔　明天　／　足球比赛　／　有　／　因为　／　要　／　所以　／　起床　／　早点儿　／　我　〕
　　　　　　　　　　　　　　　　　　　　　　　比赛 bǐsài：試合

③ 下線部に注意しながら、次の日本語を中国語に訳しなさい。

1） スイーツを食べるときは、まず写真を撮って、それから食べます。　　スイーツ：甜品 tiánpǐn

2） もしチャンスがあったら、私は太極拳をやりたいです。　　チャンス：机会 jīhuì

3） 最近何かおもしろい映画はありますか。

1) 本文の内容について、小林さん（"我"）になったつもりで質問に答えましょう。 〔21〕

2) 回答例を参考に、自分だったらどう答えるか考えてみましょう。

Q1 你　周末　一般　做　些　什么？
Nǐ　zhōumò　yìbān　zuò　xiē　shénme？

1)

2) 周末　回　老家　看看　父母，　大家　一起　吃吃　饭。
Zhōumò　huí　lǎojiā　kànkan　fùmǔ，　dàjiā　yìqǐ　chīchi　fàn.

星期六　早上，　我　跟　朋友们　踢　足球。
Xīngqīliù　zǎoshang，　wǒ　gēn　péngyoumen　tī　zúqiú.

Q2 你　什么　时候　放　长假？ 放长假：連休になる
Nǐ　shénme　shíhou　fàng　chángjià？

1)

2) 日本　的　学校　有　暑假、　寒假　和　春假。
Rìběn　de　xuéxiào　yǒu　shǔjià，　hánjià　hé　chūnjià.

我们　一　年　有　两　次　长假，　是　暑假　和　过年　的　时候。
Wǒmen　yì　nián　yǒu　liǎng　cì　chángjià，　shì　shǔjià　hé　guònián　de　shíhou.

Q3 你　过节　的　时候　回　老家　吗？
Nǐ　guòjié　de　shíhou　huí　lǎojiā　ma？

1)

2) 一般　我　都　回　老家。
Yìbān　wǒ　dōu　huí　lǎojiā.

不　一定，　看　情况　吧。
Bù　yídìng，　kàn　qíngkuàng　ba.

Q4 今年　的　暑假　你　有　什么　计划　吗？
Jīnnián　de　shǔjià　nǐ　yǒu　shénme　jìhuà　ma？

1)

2) 我　打算　学　开车，　考　驾照。 驾照：運転免許証
Wǒ　dǎsuàn　xué　kāichē，　kǎo　jiàzhào.

我　准备　到　灾区　去　当　志愿者。 灾区：被災地
Wǒ　zhǔnbèi　dào　zāiqū　qù　dāng　zhìyuànzhě. 志愿者：ボランティア

22

上　　星期　我　跟　　朋友　坐　新干线　去　长野　旅游　了。　到了**1**
Shàng　xīngqī　wǒ　gēn　péngyou　zuò　Xīngànxiàn　qù　Chángyě　lǚyóu　le.　Dàole

长野　　站，旅馆　的　面包车　来　接　我们　了。我们　住　的　是　典型　的
Chángyě　zhàn, lǚguǎn　de　miànbāochē　lái　jiē　wǒmen　le.　Wǒmen　zhù　de　shì　diǎnxíng　de

日式　旅馆，在　榻榻米　的　房间　里　吃　饭、休息。　旅馆　的　晚餐　特别
Rìshì　lǚguǎn,　zài　tàtàmǐ　de　fángjiān　li　chī　fàn、xiūxi.　Lǚguǎn　de　wǎncān　tèbié

丰盛，　但是　我们　吃不了**2**那么　多。我们　　充分　地　享受了　旅馆　的
fēngshèng,　dànshì　wǒmen　chībuliǎo　nàme　duō.　Wǒmen　chōngfèn　de　xiǎngshòule　lǚguǎn　de

热情　接待。
rèqíng　jiēdài.

我　　高中　的　时候　曾经　和　家人　一起　去　新加坡　旅游。　我
Wǒ　gāozhōng　de　shíhou　céngjīng　hé　jiārén　yìqǐ　qù　Xīnjiāpō　lǚyóu.　Wǒ

听得懂**2**一些　当地　人　说　的　英语，非常　　高兴。　当时　我　只　学了
tīngdedǒng　yìxiē　dāngdì　rén　shuō　de　Yīngyǔ,　fēicháng　gāoxìng.　Dāngshí　wǒ　zhǐ　xuéle

几　年　英语，可　我　觉得　跟　外国　朋友　交流　很　有意思。　我　至今
jǐ　nián　Yīngyǔ,　kě　wǒ　juéde　gēn　wàiguó　péngyou　jiāoliú　hěn　yǒuyìsi.　Wǒ　zhìjīn

还　记得**3**很　清楚。
hái　jìde　hěn　qīngchu.

每　次　我　去　旅游　的　时候，都　要　买　一些　小　东西　作为　纪念。
Měi　cì　wǒ　qù　lǚyóu　de　shíhou,　dōu　yào　mǎi　yìxiē　xiǎo　dōngxi　zuòwéi　jìniàn.

当然，　我　还　要　拍　很　多　　照片，有　机会　拿给　你　看看。
Dāngrán,　wǒ　hái　yào　pāi　hěn　duō　zhàopiàn,　yǒu　jīhuì　nágěi　nǐ　kànkan.

23 語 句

新干线 Xīngànxiàn：新幹線　　面包车 miànbāochē：マイクロバス　　接 jiē：迎える　　住 zhù：泊まる　　典型
diǎnxíng：典型的である　　旅馆 lǚguǎn：旅館　　榻榻米 tàtàmǐ：畳　　晚餐 wǎncān：夕食　　丰盛 fēngshèng：盛りだくさんである　　充分 chōngfèn：充分に　　享受 xiǎngshòu：享受する、味わう　　热情 rèqíng：心がこもっている　　接待 jiēdài：接待する　　曾经 céngjīng：かつて　　新加坡 Xīnjiapo：シンガポール　　当地人 dangdi rén：現地の人　　可 kě：しかし　　至今 zhìjīn：今でも、今に至るまで　　记 jì：記憶する　　作为 zuòwéi：〜とする、〜とみなす　　纪念 jìniàn：記念　　拍 pāi：(写真や動画を)撮る

1 "了"の用法（2）

動詞の直後の "了" は、過去・現在・未来に関わらず動作の「完了」を表す。

吃了 饭， 我们 再 去 泡 一 次 温泉 吧。　　　　　泡温泉：温泉に入る
Chīle　fàn，　wǒmen　zài　qù　pào　yí　cì　wēnquán　ba.

＊ 動詞の直後に "了" を使った文を完結させるためには、目的語に数量などの修飾語が必要。
目的語に何も付かない場合は、後ろに文が続くニュアンスになる。

我 买了 一 本 书。　　　　　吃了 饭， 再 走 吧。
Wǒ　mǎile　yì　běn　shū.　　　　Chīle　fàn，　zài　zǒu　ba.

2 可能補語

動詞 ＋ "得了/不了"　「～できる／～できない」

＊ 量的な問題や可能性の面から「～しきれる」「～しきれない」という意味を表す。"了 liǎo" の
発音に注意。

我 喝不了 大杯 的。
Wǒ　hēbuliǎo　dàbēi　de.

我 拿不了 这么 多 东西， 你 帮 我 一下 吧。
Wǒ　nábuliǎo　zhème　duō　dōngxi，　nǐ　bāng　wǒ　yíxià　ba.

動詞 ＋ "得/不" ＋ 結果補語・方向補語　「～できる／～できない」

听懂（聞いてわかる）→ 听得懂 / 听不懂（聞いて理解できる／できない）
tīngdǒng　　　　　　　　tīngdedǒng　tīngbudǒng

我 太 累 了，走不动。　　　　　　　　　　　　走不动：歩けない
Wǒ　tài　lèi　le，　zǒubudòng.

这 本 词典 太 厚 了，我 的 包 里 放不下。　　　放不下：入れられない
Zhè　běn　cídiǎn　tài　hòu　le，　wǒ　de　bāo　li　fàngbuxià.

3 様態補語

動詞 ＋ "得" ＋ 様態補語（形容詞・フレーズなど）

＊ 様態補語は、動作の程度や様子について意味を補う。

你 汉语 说得 很 流利。
Nǐ　Hànyǔ　shuōde　hěn　liúlì.

我 吃得 太 多 了，再 也 吃不了 了。　　　　　再也～：これ以上～
Wǒ　chīde　tài　duō　le，　zài　yě　chībuliǎo　le.

① （　　）にふさわしい語句を入れて発音しなさい。

1）私は広東語を聞いてもわかりません。
我　听　（　　　　　）　懂　　广东话。
Wǒ　tīng　　　　　　　　dǒng　Guǎngdōnghuà.
广东话：広東語

2）写真を撮ったら、あなたに見せてあげます。
我　拍　（　　　　　）　照片，我　给　你　看看　吧。
Wǒ　pāi　　　　　　　　zhàopiàn, wǒ　gěi　nǐ　kànkan　ba.

3）あなたは 10 時前に帰って来られますか。
十　点　以前　你　回　（　　　　　）　来　吗 ?
Shí　diǎn　yǐqián　nǐ　huí　　　　　　　lái　ma ?

4）この写真はとてもきれいに撮れていますね。
这　张　照片　拍　（　　　　　）　非常　漂亮。
Zhè　zhāng　zhàopiàn　pāi　　　　　　fēicháng　piàoliang.

② 日本語に合うよう語句を並べ替え、文を完成させなさい。

1）あなたは手話を見てわかりますか。
〔　手语　/　看　/　吗　/　得　/　你　/　懂　〕
手语 shǒuyǔ：手話

2）ホテルを予約したら、確認してくださいね。
〔　一下　/　确认　/　订　/　再　/　了　/　饭店　/　吧　〕
订 dìng：予約する
确认 quèrèn：確認する

3）私 1 人ではこんなにたくさんの料理を食べきれません。
〔　吃不了　/　多　/　菜　/　我　/　这么　/　一个人　〕

4）今回の旅行、とても楽しかったです。
〔　得　/　开心　/　玩儿　/　这次　/　非常　/　旅行　〕
开心 kāixīn：楽しい

③ 下線部に注意しながら、次の日本語を中国語に訳しなさい。

1）あなたは英語を話すのがとても上手ですね。

2）空港に着いたら、私に電話してください。

3）私はこんなにたくさんの宿題を終えられません。
（書き）終えられない：写不完 xiěbuwán

1) 本文の内容について、小林さん（"我"）になったつもりで質問に答えましょう。

2) 回答例を参考に、自分だったらどう答えるか考えてみましょう。

25

Q1 你　最近　去　旅游　吗？
Nǐ　zuìjìn　qù　lǚyóu　ma？

1)

2) 我　准备　暑假　跟　朋友　一起　去　旅游。
Wǒ　zhǔnbèi　shǔjià　gēn　péngyou　yìqǐ　qù　lǚyóu.

我　想　去　旅游，不过　没有　钱。
Wǒ　xiǎng　qù　lǚyóu，búguò　méiyǒu　qián.

Q2 去　那个　地方，交通　方便　吗？
Qù　nèige　dìfang，jiāotōng　fāngbiàn　ma？

1)

2) 还　可以，先　坐　电车　再　换　公交车。
Hái　kěyǐ，xiān　zuò　diànchē　zài　huàn　gōngjiāochē.

那边　很　不　方便，要　打的　去。
Nàbiān　hěn　bù　fāngbiàn，yào　dǎdī　qù.

Q3 这　次　旅游　吃得　怎么样？
Zhè　cì　lǚyóu　chīde　zěnmeyàng？

1)

2) 那儿　的　手擀面　特别　好吃。
Nàr　de　shǒugǎnmiàn　tèbié　hǎochī.

我　吃了　一些　当地　的　特色菜，很　好吃。
Wǒ　chīle　yìxiē　dāngdì　de　tèsècài，hěn　hǎochī.

手擀面：手打ち麺

特色菜：特色ある料理

Q4 你　每　次　去　旅游　都　要　买　纪念品　吗？
Nǐ　měi　cì　qù　lǚyóu　dōu　yào　mǎi　jìniànpǐn　ma？

纪念品：記念品

1)

2) 我　会　买　一些　甜点，回来　送　朋友。
Wǒ　huì　mǎi　yìxiē　tiándiǎn，huílai　sòng　péngyou.

有　什么　自己　喜欢　的，就　买　一些。
Yǒu　shénme　zìjǐ　xǐhuan　de，jiù　mǎi　yìxiē.

26

两　年　前　我　去过　一　次　上海。　当时　我　不　会　说　汉语，挺
Liǎng nián qián wǒ qùguo yí cì Shànghǎi. Dāngshí wǒ bú huì shuō Hànyǔ, tǐng

遗憾　的。　如果　我　会　说　汉语　的　话，　就　可以　跟　中国　朋友
yíhàn de. Rúguǒ wǒ huì shuō Hànyǔ de huà, jiù kěyǐ gēn Zhōngguó péngyou

直接　交流　了。　所以　我　开始　学　汉语。　虽然[1]　汉语　的　发音　很　难，
zhíjiē jiāoliú le. Suǒyǐ wǒ kāishǐ xué Hànyǔ. Suīrán Hànyǔ de fāyīn hěn nán,

可是　语法　不　太　难。　对[2]　日本人　来　说，　汉语　是　比较　容易　学　的。
kěshì yǔfǎ bú tài nán. Duì Rìběnrén lái shuō, Hànyǔ shì bǐjiào róngyì xué de.

我　有　一　个　中国　朋友，她　是　从　北京　来　的　留学生，也　是
Wǒ yǒu yí ge Zhōngguó péngyou, tā shì cóng Běijīng lái de liúxuéshēng, yě shì

我　的　汉语　老师。　她　经常　跟　我　说"只有[3]　每天　坚持　学习，才
wǒ de Hànyǔ lǎoshī. Tā jīngcháng gēn wǒ shuō "zhǐyǒu měitiān jiānchí xuéxí, cái

能　学好　汉语"。　我　觉得　她　说得　很　有　道理，就　把[4]　这　句　话
néng xuéhǎo Hànyǔ". Wǒ juéde tā shuōde hěn yǒu dàoli, jiù bǎ zhè jù huà

写在　本子　上　了。
xiězài běnzi shang le.

我　想　学好　汉语，以后　要　到　中国　去　旅游。　希望　在　中国
Wǒ xiǎng xuéhǎo Hànyǔ, yǐhòu yào dào Zhōngguó qù lǚyóu. Xīwàng zài Zhōngguó

多　走一走、看一看。　我　想　测试　一下　自己　的　汉语　水平。
duō zǒuyizǒu, kànyikàn. Wǒ xiǎng cèshì yíxià zìjǐ de Hànyǔ shuǐpíng.

27　語 句

挺〜的 tǐng〜de：なかなか〜だ　　遺憾 yíhàn：残念である　　语法 yǔfǎ：文法　　容易 róngyì〜：〜しやすい
是 shì〜也是 yě shì…：〜であり、…でもある　　坚持 jiānchí：堅持する、がんばり続ける　　学好 xuéhǎo：しっ
かり学ぶ、マスターする　　有道理 yǒu dàoli：道理に合っている　　句 jù：〔言葉の区切りを数える量詞〕　　话
huà：言葉　　写在 xiězài：〜に書く　　希望 xīwàng：希望する、望む　　测试 cèshì：試す　　水平 shuǐpíng：レ
ベル

1 "虽然~，可是…" 「～ではあるけれど、しかし…」

　　＊ "可是" のほか "但是" も使われる。

我	虽然	学了	一	年	汉语，	可是	还	说得	不	好。
Wǒ	suīrán	xuéle	yì	nián	Hànyǔ,	kěshì	hái	shuōde	bù	hǎo.

虽然	我	说得	不	流利，	但是	我	很	喜欢	学	汉语。
Suīrán	wǒ	shuōde	bù	liúlì,	dànshì	wǒ	hěn	xǐhuan	xué	Hànyǔ.

2 "对~来说"

「～にとって」「～にしてみれば」という意味で、主題を強調する。

对	中国人	来	说，	日语	的	外来语	非常	难。
Duì	Zhōngguórén	lái	shuō,	Rìyǔ	de	wàiláiyǔ	fēicháng	nán.

对	我	来	说，	参加	HSK	考试	是	一	个	很	大	的	挑战。
Duì	wǒ	lái	shuō,	cānjiā	HSK	kǎoshì	shì	yí	ge	hěn	dà	de	tiǎozhàn.

　　　　　　　　　　　　　　　　HSK 考试：HSK 試験〔世界共通の中国語テスト〕

3 "只有~，才…" 「～してこそようやく…」「～よりほか…ない」

只有	多	听、	多	说，	才	能	学好	外语。
Zhǐyǒu	duō	tīng、	duō	shuō,	cái	néng	xuéhǎo	wàiyǔ.

只有	经常	锻炼	身体，	才	能	减肥。
Zhǐyǒu	jīngcháng	duànliàn	shēntǐ,	cái	néng	jiǎnféi.

4 "把" 構文

　　主語 ＋ "把" ＋ 目的語 ＋ 動詞 ＋ その他の成分（補語など）

　　＊ 目的語に何らかの処置を加えるニュアンスを表すときに使う。

我	把	日元	换成	人民币。
Wǒ	bǎ	Rìyuán	huànchéng	Rénmínbì.

換成：～に換える

我	把	钥匙	放在	房间	里	了。
Wǒ	bǎ	yàoshi	fàngzài	fángjiān	li	le.

放在：～に置く

① （　　）にふさわしい語句を入れて発音しなさい。

1) 日本の祝祭日をちょっと紹介しましょう。

我　（　　　　）　日本　的　节日　介绍　一下　吧。
Wǒ　　　　　　　Rìběn　de　jiérì　jièshào　yíxià　ba.

2) 学生にとって、学業が第一です。

（　　　　）　学生　（　　　　），学习　是　最　重要　的。
　　　　　　xuésheng　　　　　　xuéxí　shì　zuì　zhòngyào　de.

3) 顔を合わせた直接の交流をしなければ、本当に相手を理解することはできません。

（　　　　）　面对面　交流，（　　　　）能　真正　了解　对方。
　　　　miànduìmiàn　jiāoliú,　　　　　néng　zhēnzhèng　liǎojiě　duìfāng.

4) 中国と日本はどちらも漢字を使いますが、漢字の発音は同じではありません。

（　　　　）　中国　和　日本　都　用　汉字，（　　　　）汉字　的　发音　不　一样。
Zhōngguó　hé　Rìběn　dōu　yòng　hànzì,　　　　hànzì　de　fāyīn　bù　yíyàng.

② 日本語に合うよう語句を並べ替え、文を完成させなさい。

1) まじめに復習して、ようやく合格することができる。
〔 能 / 才 / 及格 / 认真 / 只有 / 复习 〕
及格 jígé：合格する

2) お金はありませんが、私は北京に旅行に行きたいです。
〔 可是 / 旅游 / 钱 / 虽然 / 我 / 北京 / 去 / 想 / 没有 〕

3) 中国人にとって、春節はもっとも重要な祝日です。
〔 来说 / 中国人 / 对 / 重要 / 是 / 的 / 春节 / 最 / 节日 〕
节日 jiérì：祝日

4) 私は中国の写真を Instagram にアップします。
〔 照片 / 把 / 的 / 我 / 照片墙上 / 中国 / 发到 〕
发到 fādào：～に送る

③ 下線部に注意しながら、次の日本語を中国語に訳しなさい。

1) 私はスマートフォンをなくしてしまいました。〔"把"構文を使うこと〕　　なくす：丢 diū

2) たくさん読んで、たくさん書かなければ、中国語をマスターすることはできない。
（声に出して）読む：念 niàn

3) 留学費用は高いですが、私は北京に留学に行きたいです。　　留学費用：留学费 liúxuéfèi

1) 本文の内容について、小林さん（"我"）になったつもりで質問に答えましょう。

2) 回答例を参考に、自分だったらどう答えるか考えてみましょう。

Q1 你　去过　中国　吗？
Nǐ　qùguo　Zhōngguó　ma？

1)

2) 我　还　没　去过　中国。
Wǒ　hái　méi　qùguo　Zhōngguó.

我　去过　三　次，今年　暑假　还　打算　再　去。
Wǒ　qùguo　sān　cì，jīnnián　shǔjià　hái　dǎsuàn　zài　qù.

Q2 你　汉语　说得　很　好，学了　几　年　了？
Nǐ　Hànyǔ　shuōde　hěn　hǎo，xuéle　jǐ　nián　le？

1)

2) 我　刚　开始　学，还　说得　不　好。
Wǒ　gāng　kāishǐ　xué，hái　shuōde　bù　hǎo.

你　过奖　了，我　只　学了　一　年　多。
Nǐ　guòjiǎng　le，wǒ　zhǐ　xuéle　yì　nián　duō.

过奖：ほめすぎる

Q3 你　为　什么　学　汉语　呢？
Nǐ　wèi　shénme　xué　Hànyǔ　ne？

1)

2) 因为　我　对　中国　历史　很　感　兴趣。
Yīnwèi　wǒ　duì　Zhōngguó　lìshǐ　hěn　gǎn　xìngqù.

因为　我　觉得　将来　会　有用。
Yīnwèi　wǒ　juéde　jiānglái　huì　yǒuyòng.

有用：役に立つ

Q4 你　学好　汉语，以后　有　什么　计划　吗？
Nǐ　xuéhǎo　Hànyǔ，yǐhòu　yǒu　shénme　jìhuà　ma？

1)

2) 我　想　给　中国　朋友　发　邮件。
Wǒ　xiǎng　gěi　Zhōngguó　péngyou　fā　yóujiàn.

我　准备　明年　到　大连　去　留学。
Wǒ　zhǔnbèi　míngnián　dào　Dàlián　qù　liúxué.

30

欢迎　你　来到　日本！路上　辛苦　了！一路　都　顺利　吗？我们　可以
Huānyíng nǐ láidào Rìběn！Lùshang xīnkǔ le！ Yílù dōu shùnlì ma？ Wǒmen kěyǐ

在　东京　见面，我　非常　高兴。
zài Dōngjīng jiànmiàn, wǒ fēicháng gāoxìng.

近　几　年，来　日本　的　中国　游客　不断　增加。　特别　是　最近　办
Jìn jǐ nián, lái Rìběn de Zhōngguó yóukè búduàn zēngjiā. Tèbié shì zuìjìn bàn

个人　旅游　签证　来　旅游　的　人　越来越[1]　多。　自由行　比　参团游　更
gèrén lǚyóu qiānzhèng lái lǚyóu de rén yuèláiyuè duō. Zìyóuxíng bǐ cāntuányóu gèng

方便，　想　去　哪儿[2]　就　可以　去　哪儿。
fāngbiàn, xiǎng qù nǎr jiù kěyǐ qù nǎr.

我　给　你　介绍　一下　东京　晴空塔。　它　高　634　米，从
Wǒ gěi nǐ jièshào yíxià Dōngjīng Qíngkōngtǎ. Tā gāo liùbǎi sānshisì mǐ, cóng

瞭望台　上　可以　看到　整个　东京，被[3]　称为　"东京　必　去　景点
liàowàngtái shang kěyǐ kàndào zhěnggè Dōngjīng, bèi chēngwéi "Dōngjīng bì qù jǐngdiǎn

之　一"。　明天　咱们　去　看看，怎么样？那　附近　还　有　很　多　好玩儿
zhī yī". Míngtiān zánmen qù kànkan, zěnmeyàng？ Nà fùjìn hái yǒu hěn duō hǎowánr

的　地方，我　请[4]　你　吃　饭　吧。　我　希望　你　乘　这个　机会　充分　体验
de dìfang, wǒ qǐng nǐ chī fàn ba. Wǒ xīwàng nǐ chéng zhèige jīhuì chōngfèn tǐyàn

一下　日本　的　文化。
yíxià Rìběn de wénhuà.

31

語句

路上 lùshang：道中　　辛苦了 xīnkǔ le：お疲れ様でした　　順利 shùnlì：順調である　　近几年 jìn jǐ nián：この
数年　　游客 yóukè：観光客　　不断 búduàn：絶えず　　办 bàn：調達する、取得する　　个人旅游 gèrén lǚyóu：
個人旅行　　签证 qiānzhèng：ビザ　　自由行 zìyóuxíng：個人の自由旅行　　参团游 cāntuányóu：団体旅行
东京晴空塔 Dōngjīng Qíngkōngtǎ：東京スカイツリー　　它 tā：それ　　瞭望台 liàowàngtái：展望台　　整个
zhěnggè：全体の　　称为 chēngwéi：～と呼ぶ　　必去 bì qù：必ず行くべき　　景点 jǐngdiǎn：観光スポット
之一 zhī yī：～の1つ　　好玩儿 hǎowánr：おもしろい　　请 qǐng：ごちそうする　　乘 chéng：～に乗じて
体验 tǐyàn：体験する

1 "越来越～"

「ますます～になる」という意味で、時間の経過とともに程度が高まることを表す。

喜欢 日本 动漫 的 中国 小朋友 **越来越** 多。
Xǐhuan Rìběn dòngmàn de Zhōngguó xiǎopéngyou yuèláiyuè duō.

动漫：アニメと漫画

秋叶原 电器店 里 的 中文 服务 **越来越** 周到。
Qiūyèyuán diànqìdiàn li de Zhōngwén fúwù yuèláiyuè zhōudào.

服务：サービス
周到：行き届いている

2 疑問詞の連用

同じ疑問詞をくり返して使い、前後の疑問詞が同じもの（内容）を指す用法がある。「何でも～」「どこでも～」のように、任意のすべてを表す。

你 想 喝 **什么** 就 买 **什么** 吧。
Nǐ xiǎng hē shénme jiù mǎi shénme ba.

你 想 去 **哪儿** 我们 就 去 **哪儿** 吧。
Nǐ xiǎng qù nǎr wǒmen jiù qù nǎr ba.

3 受け身文

主語 ＋ "被/让/叫" ＋ 行為者 ＋ 動詞 ＋ 行為の結果

＊"被"を使う場合、行為者は省略することも可能。

那 本 书 **让** 她 拿走 了。
Nà běn shū ràng tā názǒu le.

这个 玻璃杯 **叫** 我 弄坏 了。
Zhèige bōlibēi jiào wǒ nònghuài le.

玻璃杯：グラス
弄坏：壊す

4 兼語文

主語 ＋ 動詞1 ＋ 名詞1 ＋ 動詞2 （＋ 名詞2）

＊動詞1の目的語と、動詞2の主語を兼ねる名詞1のことを「兼語」という。動詞1には"请"のほか"让/叫/使"などを使い、使役の意味を表すことが多い。

我 **叫** 他 去 买 票。
Wǒ jiào tā qù mǎi piào.

我 不 **让** 她 付 钱。
Wǒ bú ràng tā fù qián.

① （　　　）にふさわしい語句を入れて発音しなさい。

1）　私は彼を買い物に行かせます。
　　　我　（　　　　　）　他　去　买　东西。
　　　Wǒ　　　　　　　　tā　qù　mǎi　dōngxi.

2）　それはご当地キャラクターと呼ばれます。
　　　它　（　　　　　）　称为　　当地　吉祥物。
　　　Tā　　　　　　　chēngwéi　dāngdì　jíxiángwù.
　　　　　　　　　　　　　　　　　　　　　　　　吉祥物：キャラクター

3）　この数年、中国、台湾、香港からの観光客がますます増えています。
　　　近　几　年，来自　中国、　台湾、　香港　的　游客　（　　　　）　多。
　　　Jìn　jǐ　nián,　láizì　Zhōngguó,　Táiwān,　Xiānggǎng　de　yóukè　　　　duō.
　　　　　　　　　　　　　　　　　　　　　　　　　　　　　　来自：～から来る

4）　日本で何でもやりたいことをやってください。
　　　你　在　日本　想　做　（　　　　）　就　做　（　　　　　）　吧。
　　　Nǐ　zài　Rìběn　xiǎng　zuò　　　　　jiù　zuò　　　　　ba.

② 日本語に合うよう語句を並べ替え、文を完成させなさい。

1）　今日は私があなたに天ぷらをごちそうします。
　　　〔　你　/　我　/　天妇罗　/　今天　/　吃　/　请　〕
　　　　　　　　　　　　　　　　　　　　天妇罗 tiānfùluó：天ぷら

2）　この観光スポットは外国人旅行客に注目されています。
　　　〔　景点　/　外国　/　关注　/　被　/　这个　/　游客　〕
　　　　　　　　　　　　　　　　　　　关注 guānzhù：注目する

3）　富士山を見に行く外国人観光客はますます多くなっています。
　　　〔　多　/　去　/　外国游客　/　越来越　/　的　/　看　/　富士山　〕

4）　何でも飲みたいものを選んでください。
　　　〔　喝　/　你　/　选　/　想　/　什么　/　吧　/　什么　/　就　〕

③ 下線部に注意しながら、次の日本語を中国語に訳しなさい。

1）　中国人観光客にとって、沖縄はますます人気があります。
　　　　　　　　　　　　　　　　　　　　　　沖縄：冲绳 Chōngshéng

2）　何でも言いたいことを言ってください。

3）　京都と奈良は日本の古都と呼ばれています。
　　　　　　　　　　　　　　　　　　　　　　古都：古都 gǔdū

1) 本文の内容について、質問に答えましょう。

2) 回答例を参考に、自分だったらどう答えるか考えてみましょう。

Q1 最近 来 日本 的 中国 游客 多 吗?
Zuìjìn lái Rìběn de Zhōngguó yóukè duō ma?

　1)

　2) 相当 多, 而且 回头客 也 不 少。
　　　Xiāngdāng duō, érqiě huítóukè yě bù shǎo.

相当：かなり
回头客：リピーター

　　 春节 和 国庆节 的 时候 游客 最 多。
　　　Chūnjié hé Guóqìngjié de shíhou yóukè zuì duō.

国庆节：国慶節

Q2 你 给 我 介绍 一下 东京 好玩儿 的 地方, 好 吗?
Nǐ gěi wǒ jièshào yíxià Dōngjīng hǎowánr de dìfang, hǎo ma?

　1)

　2) 好 的, 我 给 你 介绍 一下 台场 一带。
　　　Hǎo de, wǒ gěi nǐ jièshào yíxià Táichǎng yídài.

台场：お台場

　　 咱们 可以 坐 大巴 一日游。
　　　Zánmen kěyǐ zuò dàbā yírìyóu.

大巴：大型バス
一日游：日帰り旅行

Q3 在 那儿 可以 做 什么?
Zài nàr kěyǐ zuò shénme?

　1)

　2) 这个 地方 可以 坐 人力车 照相。
　　　Zhèige dìfang kěyǐ zuò rénlìchē zhàoxiàng.

人力车：人力車

　　 这儿 可以 看 日本 茶道 的 表演。
　　　Zhèr kěyǐ kàn Rìběn chádào de biǎoyǎn.

表演：パフォーマンス

Q4 附近 还 有 什么 值得 去 的 地方 吗?
Fùjìn hái yǒu shénme zhíde qù de dìfang ma?

值得：〜する価値がある

　1)

　2) 这 附近 还 有 一 座 很 有名 的 寺庙。
　　　Zhè fùjìn hái yǒu yí zuò hěn yǒumíng de sìmiào.

寺庙：寺院

　　 那个 地方 值得 去 看 一下。
　　　Nèige dìfang zhíde qù kàn yíxià.

34

我　给　你　介绍　一下　东京　的　交通　情况。　东京　的　交通　非常
Wǒ gěi nǐ jièshào yíxià Dōngjīng de jiāotōng qíngkuàng. Dōngjīng de jiāotōng fēicháng

方便，　也　很　准时。　要是　你　有　一　张　Suica　就　更　方便　了。
fāngbiàn, yě hěn zhǔnshí. Yàoshi nǐ yǒu yì zhāng Suica jiù gèng fāngbiàn le.

Suica　是　一　种　通用　的　交通卡，　中文　叫　"西瓜卡"。　除了　乘　车
Suica shì yì zhǒng tōngyòng de jiāotōngkǎ, Zhōngwén jiào "Xīguākǎ". Chúle chéng chē

时　以外，　你　在　便利店　购物　时　也　可以　用。
shí yǐwài, nǐ zài biànlìdiàn gòuwù shí yě kěyǐ yòng.

这　是　东京　地区　的　路线图。　所有[1]　车站　都　有　编号，你　上下
Zhè shì Dōngjīng dìqū de lùxiàntú. Suǒyǒu chēzhàn dōu yǒu biānhào, nǐ shàngxià

车　时　注意　罗马字　和　数字，一[2]　看　就　明白　了。　不管[3]　哪　一　站
chē shí zhùyì Luómǎzì hé shùzì, yí kàn jiù míngbai le. Bùguǎn nǎ yí zhàn

一般　车站　里　都　有　路线　指南。
yìbān chēzhàn li dōu yǒu lùxiàn zhǐnán.

顺便[4]　看　一下　这　张　大　地图。　这里　是　东京，这里　是　京都。
Shùnbiàn kàn yíxià zhè zhāng dà dìtú. Zhèli shì Dōngjīng, zhèli shì Jīngdū.

从　东京　到　京都　坐　新干线　大概　只　要　两　个　半　小时。有　机会
Cóng Dōngjīng dào Jīngdū zuò Xīngànxiàn dàgài zhǐ yào liǎng ge bàn xiǎoshí. Yǒu jīhuì

的　话，　去　京都　逛一逛　吧。
de huà, qù Jīngdū guàngyiguàng ba.

35 　語 句

交通 jiāotōng：交通手段　　**准时** zhǔnshí：時間どおりである　　**要是** yàoshi：もし～　　**通用** tōngyòng：通用する　　**卡** kǎ：カード　　**西瓜卡** Xīguākǎ：Suica〔JR東日本のICカード、"西瓜"はスイカの意〕　　**乘车** chéng chē：乗車する　　**路线图** lùxiàntú：路線図　　**编号** biānhào：整理番号　　**上下车** shàngxià chē：電車を乗り降りする　　**注意** zhùyì：注意する　　**罗马字** Luómǎzì：ローマ字　　**数字** shùzì：数字　　**指南** zhǐnán：案内、ガイド　　**逛** guàng：ぶらぶら歩く

ポイント

1 "所有"

"所有"は「すべての」「あらゆる」を意味し、"都"と呼応させて用いる。

所有　车厢　都　有　爱心座。
Suǒyǒu chēxiāng dōu yǒu àixīnzuò.

车厢：車両
爱心座：優先席

不　一定　所有　的　美术馆　都　有　语音　讲解。
Bù yídìng suǒyǒu de měishùguǎn dōu yǒu yǔyīn jiǎngjiě.

语音讲解：音声ガイダンス

2 "一～就…"「～するとすぐ…」

一　到　上下班　时间，地铁　就　会　非常　拥挤。
Yí dào shàngxiàbān shíjiān, dìtiě jiù huì fēicháng yōngjǐ.

拥挤：混み合う

绿色　窗口　是　JR　的　售票处，一　看　就　能　看到。
Lǜsè chuāngkǒu shì JR de shòupiàochù, yí kàn jiù néng kàndào.

绿色窗口：みどりの窓口

3 "不管～都/也…"「～であろうと…」「～にかかわらず…」

东京　的　地铁　线路　四通八达，不管　去　哪里　都　很　方便。
Dōngjīng de dìtiě xiànlù sìtōng-bādá, bùguǎn qù nǎli dōu hěn fāngbiàn.

四通八达：四方八方

不管　多　挤，我　也　要　坐上　这　趟　单轨　电车。
Bùguǎn duō jǐ, wǒ yě yào zuòshàng zhè tàng dānguǐ diànchē.

挤：混んでいる　　単轨电车：モノレール

4 "顺便"

"顺便"は「ついでに（～する）」を意味し、よく［"顺便"+動詞+"一下"］の形で使う。

顺便　问　一下，这儿　有　存包柜　吗？
Shùnbiàn wèn yíxià, zhèr yǒu cúnbāoguì ma?

存包柜：コインロッカー

我　出差　到　东京，顺便　来　看看　你。
Wǒ chūchāi dào Dōngjīng, shùnbiàn lái kànkan nǐ.

出差：出張する

① （　　　）にふさわしい語句を入れて発音しなさい。

1) ついでに、日本の鉄道ファンについてちょっと紹介しましょう。

（　　　　）介绍（　　　　），日本 的 铁道 粉丝。
　　　　　　jièshào　　　　　　　　　　Rìběn de tiědào fěnsī.

　　　　　　　　　　　　　　　　　　　　　　　　　　　　粉丝：ファン

2) 公共の場所はすべて禁煙です。

（　　　　）公共 场所 都 禁止 抽烟。
　　　　　　gōnggòng chǎngsuǒ dōu jìnzhǐ chōuyān.

3) 遠いところからでも見たらすぐにわかります。

从 远处（　　　　）看（　　　　）清楚 了。
Cóng yuǎnchù　　　　　kàn　　　　　　qīngchu le.

　　　　　　　　　　　　　　　　　　　　　　　　　　　　远处：遠いところ

4) どんなところでも、駅の近くでタクシーを見つけることができます。

（　　　　）在 什么 地方，车站 附近（　　　　）能 找到 出租车。
　　　　　　zài shénme dìfang, chēzhàn fùjìn　　　　　néng zhǎodào chūzūchē.

　　　　　　　　　　　　　　　　　　　　　　　　　　　　找到：見つける

② 日本語に合うよう語句を並べ替え、文を完成させなさい。

1) すべての駅にトイレがあります。
〔 都 ／ 车站 ／ 洗手间 ／ 所有 ／ 有 ／ 的 〕

2) Suica はとても便利で、タッチすればすぐに会計できます。
〔 方便 ／ 西瓜卡 ／ 一 ／ 结账 ／ 刷 ／ 就 ／ 很 ／ 可以 〕

　　　　　　　　　　　　　　　　結账 jiézhàng：清算する
　　　　　　　　　　　　　　　　刷 shuā：（カードを）読み取る

3) どんなに忙しくても、今日はあなたに付き合いますよ。
〔 今天 ／ 不管 ／ 忙 ／ 你 ／ 我 ／ 都 ／ 多 ／ 陪 ／ 要 〕

　　　　　　　　　　　　　　　　陪：péi：付き添う

4) ついでに同僚におみやげを買ってあげよう。
〔 一些 ／ 吧 ／ 同事 ／ 礼物 ／ 顺便 ／ 买 ／ 给 〕

　　　　　　　　　　　　　　　　同事 tóngshì：同僚

③ 下線部に注意しながら、次の日本語を中国語に訳しなさい。

1) 私はあなたのなまりを聞いて、すぐにあなたは日本人だとわかった。　　なまり：口音 kǒuyīn

2) すべての地下鉄の駅にコインロッカーがあります。

3) どれほど混雑していても、日本の交通機関はだいたい時間どおりです。

1) 本文の内容について、質問に答えましょう。

2) 回答例を参考に、自分だったらどう答えるか考えてみましょう。

(37)

Q1 东京　的 交通　方便　吗？
Dōngjīng　de jiāotōng fāngbiàn ma?

1)

2) 很　方便，就是　高峰　时 太　拥挤　了。　　　　就是：ただ、～だけ
Hěn fāngbiàn, jiùshì gāofēng shí tài yōngjǐ le.　　　高峰：ラッシュ

很　不错，最近　还 增加了　女性　专用　车厢。　　专用：専用の
Hěn búcuò, zuìjìn hái zēngjiāle nǚxìng zhuānyòng chēxiāng.

Q2 请　给 我 讲　一下 买　车票　的 方法。　　　讲：話す
Qǐng gěi wǒ jiǎng yíxià mǎi chēpiào de fāngfǎ.

1)

2) 你 先　看看 路线图，确认　一下 车票　的 价格。　　价格：価格
Nǐ xiān kànkan lùxiàntú, quèrèn yíxià chēpiào de jiàgé.

买　票 时，按　一下 触屏　上 的 价格。　　　　　按：押す
Mǎi piào shí, àn yíxià chùpíng shang de jiàgé.　　　　触屏：タッチパネル

Q3 在　东京　坐 地铁　时，要 注意　什么？
Zài Dōngjīng zuò dìtiě shí, yào zhùyì shénme?

1)

2) 看好　显示屏 就 没　问题。　　　　　　　显示屏：ディスプレイ
Kànhǎo xiǎnshìpíng jiù méi wèntí.

请 你 看好 自己 的 随身　物品，别 忘了　东西。
Qǐng nǐ kānhǎo zìjǐ de suíshēn wùpǐn, bié wàngle dōngxi.

看 kān：見守る
随身物品：身の回りのもの

Q4 从　东京　到 京都 大概 要 多 长　时间？
Cóng Dōngjīng dào Jīngdū dàgài yào duō cháng shíjiān?

1)

2) 大概 要 两 个 半 小时，你 提前 订 票 吧。　　提前：事前に
Dàgài yào liǎng ge bàn xiǎoshí, nǐ tíqián dìng piào ba.

坐 长途 大巴 的 话，大概 要 七 个 小时 左右。
Zuò chángtú dàbā de huà, dàgài yào qī ge xiǎoshí zuǒyòu.

长途大巴：長距離バス

38

银座　是　东京　最　繁华　的　商业区。　这儿　集中了　好几　家　著名
Yínzuò　shì　Dōngjīng　zuì　fánhuá　de　shāngyèqū.　Zhèr　jízhōngle　hǎojǐ　jiā　zhùmíng

的　高档　商场。　随着**1**　中国　游客　的　不断　增加，银座　的　商场
de　gāodàng　shāngchǎng.　Suízhe　Zhōngguó　yóukè　de　búduàn　zēngjiā,　Yínzuò　de　shāngchǎng

里　基本　都　有　中文　服务。　你　在　店　里　随时　能　听到　中文
li　jīběn　dōu　yǒu　Zhōngwén　fúwù.　Nǐ　zài　diàn　li　suíshí　néng　tīngdào　Zhōngwén

广播，　有些　店　还　专门　安排了　中文　翻译。　外国　游客　购物　时，
guǎngbō,　yǒuxiē　diàn　hái　zhuānmén　ānpáile　Zhōngwén　fānyì.　Wàiguó　yóukè　gòuwù　shí,

可以　享受　退税　服务。
kěyǐ　xiǎngshòu　tuìshuì　fúwù.

银座　的　大街　上　有　许多　世界　名牌　的　专卖店。　不仅**2**　有
Yínzuò　de　dàjiē　shang　yǒu　xǔduō　shìjiè　míngpái　de　zhuānmàidiàn.　Bùjǐn　yǒu

老字号　的　商店，　还　有　很　多　快时尚　的　专卖店。
lǎozìhao　de　shāngdiàn,　hái　yǒu　hěn　duō　kuàishíshàng　de　zhuānmàidiàn.

尽管**3**　日本　的　物价　水平　较　高，　但是　有些　东西　比　中国
Jǐnguǎn　Rìběn　de　wùjià　shuǐpíng　jiào　gāo,　dànshì　yǒuxiē　dōngxi　bǐ　Zhōngguó

国内　还　便宜。　由于**4**　最近　日元　贬值，　来　日本　购物　变得　更　实惠
guónèi　hái　piányi.　Yóuyú　zuìjìn　Rìyuán　biǎnzhí,　lái　Rìběn　gòuwù　biànde　gèng　shíhuì

了。　最近，　在　很　多　地方　都　可以　使用　银联卡。
le.　Zuìjìn,　zài　hěn　duō　dìfang　dōu　kěyǐ　shǐyòng　Yínliánkǎ.

39　語句

繁华 fánhuá：にぎやかである　　商业区 shāngyèqū：商業地区　　集中 jízhōng：集める　　好几 hǎojǐ：〔量詞の前に置き数の多さを表す〕　著名 zhùmíng：有名である　　高档 gāodàng：高級の　　商场 shāngchǎng：デパート　　基本 jīběn：基本的に　　随时 suíshí：いつでも　　广播 guǎngbō：放送　　专门 zhuānmén：特に、わざわざ　　安排 ānpái：配置する　　翻译 fānyì：通訳　　退税 tuìshuì：免税　　许多 xǔduō：たくさん　　名牌 míngpái：ブランド　　专卖店 zhuānmàidiàn：専門店　　老字号 lǎozìhao：老舗　　快时尚 kuàishíshàng：ファストファッション　　物价 wùjià：物価　　较 jiào：比較的、わりあいに　　日元贬值 Rìyuán biǎnzhí：円安　　变 biàn：変わる、～になる　　银联卡 Yínliánkǎ：銀聯カード〔中国で普及しているクレジット／デビットカード〕

1 "随着"

"随着～" は「～につれて」「～にともない」という具合に変化を表すときに使う。

随着	中国	经济	的	发展,	外出	旅行	的	人	越来越	多。
Suízhe	Zhōngguó	jīngjì	de	fāzhǎn,	wàichū	lǚxíng	de	rén	yuèláiyuè	duō.

随着	美元	升值,	进口	商品	的	价格	不断	上涨。
Suízhe	Měiyuán	shēngzhí,	jìnkǒu	shāngpǐn	de	jiàgé	búduàn	shàngzhǎng.

美元升值：ドル高　　进口：輸入する　　上涨：（値段が）高くなる

2 "不仅～，还/也…"　「～だけでなく…」「～にとどまらず…」

新宿	不仅	是	商业区,	也	是	办公区。
Xīnsù	bùjǐn	shì	shāngyèqū,	yě	shì	bàngōngqū.

办公区：オフィス街

不仅	能	打折,	还	有	积分	兑换	服务。
Bùjǐn	néng	dǎzhé,	hái	yǒu	jīfēn	duìhuàn	fúwù.

打折：割引（する）
积分兑换：ポイント交換

3 "尽管～，但是…"　「～だけれども…」「たとえ～でも…」

尽管	价格	较	贵,	但是	我	一定	要	买回去。
Jǐnguǎn	jiàgé	jiào	guì,	dànshì	wǒ	yídìng	yào	mǎihuíqu.

尽管	语言	不	通,	但是	我	感受到了	服务	的	热情。
Jǐnguǎn	yǔyán	bù	tōng,	dànshì	wǒ	gǎnshòudàole	fúwù	de	rèqíng.

通：通じる

4 "由于"

"由于～" は「～なので」「～によって」と原因や理由を説明するときに使う。

我	决定	买	这个	名牌	的	化妆品,	是	由于	网	上	的	口碑	很	好。
Wǒ	juédìng	mǎi	zhèige	míngpái	de	huàzhuāngpǐn,	shì	yóuyú	wǎng	shang	de	kǒubēi	hěn	hǎo.

口碑：口コミ

由于	时间	的	关系,	今天	的	活动	到	此	结束。
Yóuyú	shíjiān	de	guānxi,	jīntiān	de	huódòng	dào	cǐ	jiéshù.

活动：イベント
到此结束：ここで終了する

① （　　　）にふさわしい語句を入れて発音しなさい。

1) 日本の習慣で、プレゼントをするときはラッピングに比較的こだわります。

（　　　）日本　的　习惯，送　礼物　的　时候　比较　讲究　　包装。
Rìběn　de　xíguàn,　sòng　lǐwù　de　shíhou　bǐjiào　jiǎngjiu　bāozhuāng.

讲究：こだわる

2) 観光客が絶えず増加するのにともない、日本の商店にも特別なサービスがあります。

（　　　）游客　不断　增加，日本　的　商店　也　有　特别　的　服务。
yóukè　búduàn　zēngjiā,　Rìběn　de　shāngdiàn　yě　yǒu　tèbié　de　fúwù.

3) 有名な書店街のほかに、専門的に物を売る場所がたくさんあります。

（　　　）有　著名　的　书店街，（　　　）有　很　多　专卖　的　地方。
yǒu　zhùmíng　de　shūdiànjiē,　　yǒu　hěn　duō　zhuānmài　de　dìfang.

4) これは中国でも売っていますが、日本で買うとより安心です。

（　　　）这个　在　中国　也　有，（　　　）在　日本　买　的　更　放心。
zhèige　zài　Zhōngguó　yě　yǒu,　　zài　Rìběn　mǎi　de　gèng　fàngxīn.

② 日本語に合うよう語句を並べ替え、文を完成させなさい。

1) 大阪は経済の中心であるだけでなく、文化的な都市でもあります。

〔　是　/　大阪　/　也　/　经济中心　/　不仅　/　一座文化城市　/　是　〕

2) たとえ時間がきつくても、私は京都に行きたい。

〔　我　/　时间　/　去　/　但是　/　尽管　/　要　/　很　/　紧张　/　京都　〕

紧张 jǐnzhāng：忙しい

3) 天候の理由で、今晩の花火大会はこれで終了です。

〔　今晚　/　天气　/　到此结束　/　由于　/　花火大会　/　原因　/　的　〕

4) リピーター客の増加にともない、観光客のニーズもさまざまです。

〔　回头客　/　增加　/　随着　/　的　/　游客的需求　/　多种多样　/　也　〕

需求 xūqiú：ニーズ
多种多样 duōzhǒng duōyàng：さまざまだ

③ 下線部に注意しながら、次の日本語を中国語に訳しなさい。

1) <u>たとえ</u>価格が高く<u>ても</u>、日本の商品を買いたい中国人旅行客は多い。

2) 中国経済の発展に<u>ともない</u>、海外旅行に行く人も増加している。

3) 中国人観光客にとって、家電だけでなく、日本の生活用品も人気がある。　家電：电器 diànqì

1) 本文の内容について、質問に答えましょう。

2) 回答例を参考に、自分だったらどう答えるか考えてみましょう。

Q1 这里 是 什么 地方？
Zhèli shì shénme dìfang ?

　　1)

　　2) 这个 地方 叫 台场， 这里 有 很 多 商场。
　　　　Zhèige dìfang jiào Táichǎng, zhèli yǒu hěn duō shāngchǎng.

　　　　这里 叫 涩谷， 那 是 著名 的 全 向 十字 路口。
　　　　Zhèli jiào Sègǔ, nà shì zhùmíng de quán xiàng shízì lùkǒu.

涩谷：渋谷
全向十字路口：スクランブル交差点

Q2 这个 地方 有 什么 特色 吗？
Zhèige dìfang yǒu shénme tèsè ma ?

　　1)

　　2) 上野 的 阿美 横町， 商店 特别 多。
　　　　Shàngyě de Āměi héngdīng, shāngdiàn tèbié duō.

阿美横町：アメヤ横丁

　　　　神保町 是 东京 最 大 的 书店街， 有的 店 里 还 有 中文书。
　　　　Shénbǎodīng shì Dōngjīng zuì dà de shūdiànjiē, yǒude diàn li hái yǒu Zhōngwénshū.

有的～：ある～

Q3 有 中文 服务 吗？
Yǒu Zhōngwén fúwù ma ?

　　1)

　　2) 我们 这儿 有 中文 翻译。
　　　　Wǒmen zhèr yǒu Zhōngwén fānyì.

　　　　不 好意思， 我们 这儿 没有。
　　　　Bù hǎoyìsi, wǒmen zhèr méiyǒu.

Q4 外国 游客 购物 时 有 什么 优惠 吗？
Wàiguó yóukè gòuwù shí yǒu shénme yōuhuì ma ?

优惠：(割引などの) 優遇

　　1)

　　2) 这 家 电器店， 在 二 楼 可以 办 退税 服务。
　　　　Zhè jiā diànqìdiàn, zài èr lóu kěyǐ bàn tuìshuì fúwù.

　　　　这 家 百货店 提供 送 货 到 酒店 的 服务。
　　　　Zhè jiā bǎihuòdiàn tígōng sòng huò dào jiǔdiàn de fúwù.

送货：商品を届ける

第11課　日本の文化

日本　的　四季　非常　分明。　每 个[1] 季节　都　有　传统　活动。
Rìběn　de　sìjì　fēicháng　fēnmíng. Měi ge　jìjié　dōu　yǒu　chuántǒng　huódòng.

比如[2] 到了　春天，　赏　樱花　是　必　不　可　少　的。
Bǐrú　dàole　chūntiān,　shǎng　yīnghuā　shì　bì　bù　kě　shǎo　de.

日本　有　许多　名胜　古迹。　还　有　很　多　世界　文化　遗产、自然
Rìběn　yǒu　xǔduō　míngshèng　gǔjì.　Hái　yǒu　hěn　duō　shìjiè　wénhuà　yíchǎn,　zìrán

遗产，　短　时间　内　恐怕[3] 无法　看完。　来　日本　的　外国　游客　几乎　都
yíchǎn,　duǎn　shíjiān　nèi　kǒngpà　wúfǎ　kànwán.　Lái　Rìběn　de　wàiguó　yóukè　jīhū　dōu

是　来　大　城市。　但　我　想　推荐　一下　中小　城市。　每 个　城市　都
shì　lái　dà　chéngshì. Dàn　wǒ　xiǎng　tuījiàn　yíxià　zhōng-xiǎo　chéngshì. Měi ge chéngshì　dōu

有　各自　的　风俗　习惯。
yǒu　gèzì　de　fēngsú　xíguàn.

你　在　日本　期间，　不妨[4] 去　体验　一下　日本　文化。　现在　有　很　多
Nǐ　zài　Rìběn　qījiān,　bùfáng　qù　tǐyàn　yíxià　Rìběn　wénhuà. Xiànzài　yǒu　hěn　duō

针对　外国　游客　的　旅游　项目。　比如　试　穿　和服、体验　学习　茶道
zhēnduì　wàiguó　yóukè　de　lǚyóu　xiàngmù.　Bǐrú　shì　chuān　héfú,　tǐyàn　xuéxí　chádào

等等。　最近　比较　受　欢迎　的　是　日本　清酒　的　品酒会。　我　相信
děngděng. Zuìjìn　bǐjiào　shòu　huānyíng　de　shì　Rìběn　qīngjiǔ　de　pǐnjiǔhuì.　Wǒ　xiāngxìn

这些　活动　一定　会　给　你　带来　很　大　的　乐趣。
zhèxiē huódòng yídìng huì gěi nǐ dàilai hěn dà de lèqù.

43 語句

分明 fēnmíng：はっきりしている　　季节 jìjié：季節　　传统 chuántǒng：伝統的な　　赏樱花 shǎng yīnghuā：お花見をする　　必不可少 bì bù kě shǎo：欠くことができない　　世界文化遗产 shìjiè wénhuà yíchǎn：世界文化遺産　　自然遗产 zìrán yíchǎn：自然遺産　　无法 wúfǎ：〜する方法がない、〜できない　　看完 kànwán：見終わる　　几乎 jīhū：ほとんど　　城市 chéngshì：都市　　推荐 tuījiàn：推薦する　　风俗 fēngsú：風俗　　针对 zhēnduì：〜に対して　　项目 xiàngmù：プログラム　　和服 héfú：和服　　日本清酒 Rìběn qīngjiǔ：日本酒　　品酒会 pǐnjiǔhuì：聞き酒の会　　相信 xiāngxìn：信じる　　带来 dàilai：もたらす　　乐趣 lèqù：楽しみ、喜び

1 "每个"

"每个～" は「1つ1つの～」という意味で、"每个～都…" で「どの～も…」というフレーズ
を作る。

每　个　城市　都　有　值得　看　的　地方。
Měi　ge　chéngshì　dōu　yǒu　zhíde　kàn　de　dìfang.

日本　几乎　每　个　月　都　有　节假日。　　　　　　节假日：祝祭日
Rìběn　jīhū　měi　ge　yuè　dōu　yǒu　jiéjiàrì.

2 "比如"

"比如" は「たとえば」という意味。"比如说～" という場合もある。

比如　打鼓　也　是　一　种　好玩儿　的　文化　体验。　　打鼓：太鼓をたたく
Bǐrú　dǎgǔ　yě　shì　yì　zhǒng　hǎowánr　de　wénhuà　tǐyàn.

比如　说，茶道　比较　有名，另外，日本　还　有　香道。　香道：香道
Bǐrú　shuō,　chádào　bǐjiào　yǒumíng,　lìngwài,　Rìběn　hái　yǒu　xiāngdào.

3 "恐怕"

"恐怕" は「おそらく（～かもしれない）」という意味で、よくない結果を予測するときに使う
ことが多い。

周末　恐怕　参观　的　人　特别　多。
Zhōumò　kǒngpà　cānguān　de　rén　tèbié　duō.

泡　温泉　时，时间　过　长　的　话，恐怕　会　头晕。　　过：～すぎる
Pào　wēnquán　shí,　shíjiān　guò　cháng　de　huà,　kǒngpà　huì　tóuyūn.　头晕：めまいがする

4 "不妨"

"不妨" は直訳すると「かまわない」「差し支えない」という意味で、「～してみたらいかがです
か」と相手に勧めるときに使う。

这里　的　温泉　提供　各种　浴衣，你　不妨　试试　看。
Zhèli　de　wēnquán　tígōng　gèzhǒng　yùyī,　nǐ　bùfáng　shìshi　kàn.

秋高气爽，不妨　去　赏　一下　红叶？　秋高气爽：秋の空が高く空気がすがすがしい
Qiūgāo-qìshuǎng,　bùfáng　qù　shǎng　yíxià　hóngyè？　赏红叶：もみじ狩りをする

1 (　　) にふさわしい語句を入れて発音しなさい。

1) たとえば、あじさいは梅雨の季節の象徴です。

（　　　　　）, 紫阳花 是 梅雨 季节 的 一 种 象征。
　　　　　　　zǐyánghuā shì méiyǔ jìjié de yì zhǒng xiàngzhēng.　　　象征：象徴

2) 初めて納豆を食べるときはすごく変に感じるかもしれません。

（　　　） 第一 次 吃 纳豆 的 时候 会 觉得 特别 奇怪。
　　　　　dì-yī cì chī nàdòu de shíhou huì juéde tèbié qíguài.

3) 日本の和服の模様にはいずれも意味があります。

日本 和服 的 （　　　　　） 花样 （　　　　） 是 有 意义 的。
Rìběn héfú de 　　　　　　　　huāyàng 　　　　shì yǒu yìyì de.　　　花样：模様

4) チャンスがあったら、日本の精進料理を味わってみてはいかがですか。

你 有 机会 的 话, （　　　　） 去 尝尝 日本 的 传统 素食。
Nǐ yǒu jīhuì de huà, 　　　　　qù chángchang Rìběn de chuántǒng sùshí.
　　　　　　　　　　　　　　　　　　　　　　　　　　　　　　素食：精進料理

2 日本語に合うよう語句を並べ替え、文を完成させなさい。

1) 日本の茶道はとても奥深く、どの動作にも意味があります。
〔 深奥 / 日本的 / 很 / 每个 / 有 / 动作 / 茶道 / 意义 / 都 〕
　　　　　　　　　　　　　　　　　　　　　深奥 shēn'ào：奥深い

2) おそらくあなたは落語を聞きとれないかもしれません。
〔 听 / 懂 / 恐怕 / 不 / 落语 / 你 〕
　　　　　　　　　　　　　　　　　　　落语 luòyǔ：落語

3) もし興味があったら、陶芸教室に参加してみたらいかがですか。
〔 去 / 你 / 不妨 / 陶艺学习班 / 有 / 的话 / 参加 / 兴趣 〕
　　　　　　　　　　　　　　　　　　　陶艺 táoyì：陶芸

4) たとえば、剣道、柔道など、これらはいずれも日本の伝統武術です。
〔 这些 / 是 / 剑道 / 柔道 / 日本 / 比如 / 都 / 说 / 的 / 传统武术 〕
　　　　　　　　　　　　　　　　　　　剑道 jiàndào：剣道
　　　　　　　　　　　　　　　　　　　柔道 róudào：柔道

3 下線部に注意しながら、次の日本語を中国語に訳しなさい。

1) どの場所にも名産品があります。　　　　　　名産品：特产品 tèchǎnpǐn

2) 外国人旅行者にとって、日本料理はおそらく食べ慣れないかもしれません。
　　　　　　　　　　　　　　　　　　食べ慣れない：吃不惯 chībuguàn

3) 京都に行くなら、着物を着て写真を撮ったらいかがですか。

1) 本文の内容について、質問に答えましょう。

🎧 45

2) 回答例を参考に、自分だったらどう答えるか考えてみましょう。

Q1 一　年　当中　有　哪些　传统　活动？　　　　当中：〜の中
Yì　nián　dāngzhōng　yǒu　nǎxiē　chuántǒng　huódòng？

1)

2) 夏天　每　个　城市　都　有　花火　大会。
Xiàtiān　měi　ge　chéngshì　dōu　yǒu　huāhuǒ　dàhuì.

这个　神社　的　秋季　赛会　有　三百　多　年　的　历史。　　赛会：お祭り
Zhèige　shénshè　de　qiūjì　sàihuì　yǒu　sānbǎi　duō　nián　de　lìshǐ.

Q2 东京　有　什么　特别　的　旅游　项目　吗？
Dōngjīng　yǒu　shénme　tèbié　de　lǚyóu　xiàngmù　ma？

1)

2) 有　多种　多样　的　一日游　项目。
Yǒu　duōzhǒng　duōyàng　de　yírìyóu　xiàngmù.

有　各种　热门　景点　的　巴士　观光　活动。　　热门：はやりの（もの）
Yǒu　gèzhǒng　rèmén　jǐngdiǎn　de　bāshì　guānguāng　huódòng.

Q3 这里　有　什么　可以　体验　传统　文化　的　活动　吗？
Zhèli　yǒu　shénme　kěyǐ　tǐyàn　chuántǒng　wénhuà　de　huódòng　ma？

1)

2) 试　一下　日本　的　折纸　吧。　　　　折纸：折り紙
Shì　yíxià　Rìběn　de　zhézhǐ　ba.

比如，陶艺、木工、玻璃　工艺　等，很　有　意思。　　玻璃工艺：ガラス工芸
Bǐrú,　táoyì、mùgōng、bōli　gōngyì　děng,　hěn　yǒu　yìsi.

Q4 最近　受　外国　游客　欢迎　的　活动　有　哪些？
Zuìjìn　shòu　wàiguó　yóukè　huānyíng　de　huódòng　yǒu　nǎxiē？

1)

2) 这个　讲座　可以　学　做　日本菜。　　　　讲座：講座
Zhèige　jiǎngzuò　kěyǐ　xué　zuò　Rìběncài.

最近　很　多　人　喜欢　打鼓，有　很　多　学习班。
Zuìjìn　hěn　duō　rén　xǐhuan　dǎgǔ,　yǒu　hěn　duō　xuéxíbān.

49

第 12 課　サブカルチャー

秋叶原　是　世界　闻名　的　电器街。　以[1]　秋叶原　车站　为　中心，
Qiūyèyuán shì shìjiè wénmíng de diànqìjiē. Yǐ Qiūyèyuán chēzhàn wéi zhōngxīn,

这　一带　有　很　多　电器　专卖店。　最近　中国　游客　最　喜欢　买　的
zhè yídài yǒu hěn duō diànqì zhuānmàidiàn. Zuìjìn Zhōngguó yóukè zuì xǐhuan mǎi de

电器　是　电饭锅。　日本　的　高端　电饭锅　功能　很　全，煮出来[2]　的　饭
diànqì shì diànfànguō. Rìběn de gāoduān diànfànguō gōngnéng hěn quán, zhǔchūlai de fàn

吃起来[3]　特别　香。　尽管　价格　很　贵，很　多　人　还是　愿意　买回去。
chīqǐlai tèbié xiāng. Jǐnguǎn jiàgé hěn guì, hěn duō rén háishi yuànyì mǎihuíqu.

秋叶原　也　是　日本　亚文化　的　圣地。　这儿　有　很　多　动漫　人物
Qiūyèyuán yě shì Rìběn yàwénhuà de shèngdì. Zhèr yǒu hěn duō dòngmàn rénwù

的　手办。　"七　龙珠""柯南""海贼王""初音　未来"　等等。　听说　日本
de shǒubàn. "Qī lóngzhū" "Kēnán" "Hǎizéiwáng" "Chūyīn Wèilái" děngděng. Tīngshuō Rìběn

的　动漫　在　中国　也　很　受　欢迎。
de dòngmàn zài Zhōngguó yě hěn shòu huānyíng.

秋叶原　的　饮食　也　很　有　特色，连[4]　咖啡厅　也　不　一般。　秋叶原
Qiūyèyuán de yǐnshí yě hěn yǒu tèsè, lián kāfēitīng yě bú yìbān. Qiūyèyuán

有　好几　家　女仆　咖啡厅。　一会儿　咱们　去　看看，体验　一下　日本　的
yǒu hǎojǐ jiā nǚpú kāfēitīng. Yíhuìr zánmen qù kànkan, tǐyàn yíxià Rìběn de

"萌文化"　吧。
"méngwénhuà" ba.

語　句

闻名 wénmíng：有名である　　　电器 diànqì：家電　　　电饭锅 diànfànguō：IH 炊飯器　　　高端 gāoduān：ハイエンド、付加価値が高く高価な　　　功能 gōngnéng：機能　　　全 quán：そろっている　　　煮 zhǔ：煮る、炊く　　　香 xiāng：味がよい　　　还是 háishi：やはり　　　愿意 yuànyì：～したいと思う　　　亚文化 yàwénhuà：サブカルチャー　　　圣地 shèngdì：聖地　　　手办 shǒubàn：フィギュア　　　七龙珠 Qī lóngzhū：ドラゴンボール〔作品名〕　　　柯南 Kēnán：名探偵コナン〔作品名〕　　　海贼王 Hǎizéiwáng：ONE PIECE〔作品名〕　　　初音未来 Chūyīn Wèilái：初音ミク〔ボーカル音源ソフトおよびキャラクター名〕　　　女仆咖啡厅 nǚpú kāfēitīng：メイド喫茶　　　一会儿 yíhuìr：まもなく　　　萌文化 méngwénhuà：萌え文化

1 "以~为…" 「~を…とする」「~を…とみなす」

以　动漫　为　代表　的　日本　亚文化　在　全　世界　都　很　流行。
Yǐ　dòngmàn　wéi　dàibiǎo　de　Rìběn　yàwénhuà　zài　quán　shìjiè　dōu　hěn　liúxíng.

小朋友们　　非常　喜欢　以《蜡笔小新》　为　首　的　日本　的　动漫。
Xiǎopéngyoumen　fēicháng　xǐhuan　yǐ　《Làbǐ xiǎo xīn》　wéi　shǒu　de　Rìběn　de　dòngmàn.

蜡笔小新：クレヨンしんちゃん〔作品名〕　　首：はじめ

2 方向補語 "出来" "起来" の派生用法

　方向補語には抽象的な意味を表す派生的な用法がある。[動詞＋"出来"]は事物が新たに出現することを表し、[動詞＋"起来"]は「~してみると」と動作が実際に始まることを表す。

他　终于　写出来　这个　报告　了。
Tā　zhōngyú　xiěchūlai　zhèige　bàogào　le.

看起来　价格　有点儿　贵，　但是　质量　有　保证。
Kànqǐlai　jiàgé　yǒudiǎnr　guì，　dànshì　zhìliàng　yǒu　bǎozhèng.

质量：品質

3 "听说"

　「聞くところによると~」「~だそうだ」という伝聞を表す。["听" ＋人＋ "说" ~]で「誰々が言うには~だそうだ」という意味になる。

听说　这个　品牌　的　手机　下　个　月　会　出　新款。
Tīngshuō　zhèige　pǐnpái　de　shǒujī　xià　ge　yuè　huì　chū　xīnkuǎn.

品牌：ブランド
新款：新モデル

听他　说，在　中国　举办　的　日本　文化周　很　有　人气。
Tīng tā　shuō，　zài　Zhōngguó　jǔbàn　de　Rìběn　wénhuàzhōu　hěn　yǒu　rénqì.

举办：開催する　　日本文化周：ジャパンウィーク

4 "连~也／都…"

　「~さえも…」「~までも…」という意味で、極端な例を挙げて強調を表す。

网　上　看　视频　很　方便，　连　外国　电影　也　能　看到。
Wǎng　shang　kàn　shìpín　hěn　fāngbiàn，　lián　wàiguó　diànyǐng　yě　néng　kàndào.

他　一直　在　玩儿　网游，　连　饭　都　不　吃。
Tā　yìzhí　zài　wánr　wǎngyóu，　lián　fàn　dōu　bù　chī.

1 （　　　）にふさわしい語句を入れて発音しなさい。

1) この漫画は、見たところすごくおもしろそうです。

这个　漫画　看（　　　　　）特别　有趣。
Zhèige mànhuà kàn　　　　　　tèbié yǒuqù.

有趣：おもしろい

2) アニメや漫画を代表とする文化をサブカルチャーと呼びます。

（　　　　　）动漫（　　　　　）代表　的　文化　叫做　亚文化。
dòngmàn　　　　　dàibiǎo de wénhuà jiàozuò yàwénhuà.

叫做：〜と呼ばれる

3) この映画は最近中国で上映されたそうですね。

（　　　　）这　部　电影　最近　在　中国　上映。
zhè bù diànyǐng zuìjìn zài Zhōngguó shàngyìng.

4) アニメや漫画のファンは、こういうものまでコレクションするのですごいです。

动漫　粉丝　好　厉害，（　　　　）这些　东西（　　　　）要　收藏。
Dòngmàn fěnsī hǎo lìhai,　　　　zhèxiē dōngxi　　　　yào shōucáng.

收藏：コレクションする

2 日本語に合うよう語句を並べ替え、文を完成させなさい。

1) 日本のアニメや漫画のファンはかなり多いそうですね。
〔　相当　/　日本　/　粉丝　/　多　/　动漫　/　听说　/　的　〕

2) このゲームは見たところ簡単だが、やってみると非常に難しい。
〔　非常　/　简单　/　看起来　/　难　/　游戏　/　玩儿起来　/　这个　/　很　〕

3) 秋葉原駅を中心として、ここには多くの漫画喫茶があります。
〔　这里　/　中心　/　秋叶原　/　漫画咖啡厅　/　有　/　以　/　为　/　很多　/　车站　〕

4) 私はこのアニメが好きすぎて、再放送まで見た。
〔　都　/　我　/　连　/　看过　/　这部动画片　/　太喜欢　/　重播　〕

重播 chóngbō：再放送

3 下線部に注意しながら、次の日本語を中国語に訳しなさい。

1) 原宿駅を<u>中心に</u>、人気のショップがたくさんあります。

2) 日本のアニメのコスプレは海外でも人気がある<u>そうですね</u>。　コスプレ：角色扮演 juésè bànyǎn

3) スマートフォンで<u>撮影した</u>動画はとてもおもしろいです。〔"〜出来"を使うこと〕

1) 本文の内容について、質問に答えましょう。

2) 回答例を参考に、自分だったらどう答えるか考えてみましょう。

Q1 这里 非常 热闹，是 什么 地方？
Zhèli fēicháng rènao, shì shénme dìfang ?

　　1)

　　2) 这里 的 小街 小巷 里 有 很 多 服装店。　　　　小街小巷：細い路地
　　　 Zhèli de xiǎojiē xiǎoxiàng li yǒu hěn duō fúzhuāngdiàn.

　　　 这个 地方 叫 歌舞伎町，是 新宿 最 繁华 的 一 条 街。
　　　 Zhèige dìfang jiào Gēwǔjìdīng, shì Xīnsù zuì fánhuá de yì tiáo jiē.

Q2 买 电器 的 话，什么 地方 最 好 呢？
Mǎi diànqì de huà, shénme dìfang zuì hǎo ne ?

　　1)

　　2) 车站 附近 有 一 家 规模 较 大 的 电器店。　　　　规模：規模
　　　 Chēzhàn fùjìn yǒu yì jiā guīmó jiào dà de diànqìdiàn.

　　　 那个 地方 能 买到 可以 在 海外 使用 的 电器。
　　　 Nèige dìfang néng mǎidào kěyǐ zài hǎiwài shǐyòng de diànqì.

Q3 中国 游客 最 喜欢 的 产品 是 什么？
Zhōngguó yóukè zuì xǐhuan de chǎnpǐn shì shénme ?

　　1)

　　2) 年轻人 很 喜欢 这个 吉祥物。
　　　 Niánqīngrén hěn xǐhuan zhèige jíxiángwù.

　　　 这 种 巧克力 饼干 最 受 欢迎。　　　　饼干：ビスケット
　　　 Zhè zhǒng qiǎokèlì bǐnggān zuì shòu huānyíng.

Q4 这儿 还 有 什么 好玩儿 的？
Zhèr hái yǒu shénme hǎowánr de ?

　　1)

　　2) 这些 食物 模型 跟 真 的 一模一样。　　　　食物模型：食品サンプル
　　　 Zhèxiē shíwù móxíng gēn zhēn de yìmú-yíyàng.　　　一模一样：そっくりである

　　　 这个 小 杯子 倒过来 像 富士山。　　　　倒过来：引っくり返す
　　　 Zhèige xiǎo bēizi dàoguòlai xiàng Fùshìshān.　　　像：〜みたいだ

49

50

这里　是　日式　餐厅。　有　天妇罗、　鳗鱼饭、　日式　火锅，菜式　多种
Zhèli　shì　Rìshì　cāntīng.　Yǒu　tiānfùluó、　mányúfàn、　Rì-shì　huǒguō、　càishì　duōzhǒng

多样。　你　可以　单点　或者❶　点　套餐。　吃　寿司　的　话，　可以　挑选　自己
duōyàng.　Nǐ　kěyǐ　dāndiǎn　huòzhě　diǎn　tàocān.　Chī　shòusī　de　huà,　kěyǐ　tiāoxuǎn　zìjǐ

爱　吃　的　品种，吃　拼盘　也　行。　吃　生鱼片　的　时候，多　放　点儿
ài　chī　de　pǐnzhǒng,　chī　pīnpán　yě　xíng.　Chī　shēngyúpiàn　de　shíhou,　duō　fàng　diǎnr

芥末　吧。　芥末　的　味道　很　独特，　还　有　杀菌　的　效果。
jièmo　ba.　Jièmo　de　wèidao　hěn　dútè,　hái　yǒu　shājūn　de　xiàoguǒ.

日本　的　餐厅　有　很　多　类型。　家庭　餐厅、　快餐店、　小　面馆
Rìběn　de　cāntīng　yǒu　hěn　duō　lèixíng.　Jiātíng　cāntīng、　kuàicāndiàn、　xiǎo　miànguǎn

等等。　我　以前　在　居酒屋　打过　工❷，知道　那儿　的　东西　很　好吃。
děngděng.　Wǒ　yǐqián　zài　jūjiǔwū　dǎguo　gōng,　zhīdao　nàr　de　dōngxi　hěn　hǎochī.

只要❸　你　试　一　次，就　肯定　会　喜欢。
Zhǐyào　nǐ　shì　yí　cì,　jiù　kěndìng　huì　xǐhuan.

日本　的　中餐厅　经常　有　一　种　套餐：小　碗　拉面　配　小　份
Rìběn　de　Zhōngcāntīng　jīngcháng　yǒu　yì　zhǒng　tàocān:　xiǎo　wǎn　lāmiàn　pèi　xiǎo　fèn

炒饭　和　小　份　饺子。　按照❹　中国人　的　习惯，这些　都　是　主食　吧。
chǎofàn　hé　xiǎo　fèn　jiǎozi.　Ànzhào　Zhōngguórén　de　xíguàn,　zhèxiē　dōu　shì　zhǔshí　ba.

日本　和　中国　的　饮食　文化　有　相似　之　处，　也　有　不　同　之　所。
Rìběn　hé　Zhōngguó　de　yǐnshí　wénhuà　yǒu　xiāngsì　zhī　chù,　yě　yǒu　bù　tóng　zhī　suǒ.

51　語句

鳗鱼饭 mányúfàn：うな重　　日式火锅 Rì-shì huǒguō：すき焼き　　菜式 càishì：料理のスタイル　　单点 dāndiǎn：単品で注文する　　点 diǎn：料理を注文する　　套餐 tàocān：セットメニュー　　挑选 tiāoxuǎn：選ぶ　　拼盘 pīnpán：盛り合わせ　　生鱼片 shēngyúpiàn：刺し身　　放 fàng：入れる　　芥末 jièmo：わさび　　杀菌 shājūn：殺菌する　　类型 lèixíng：種類、タイプ　　家庭餐厅 jiātíng cāntīng：ファミリーレストラン　　快餐店 kuàicāndiàn：ファストフード店　　小面馆 xiǎo miànguǎn：手軽な麺類の店　　居酒屋 jūjiǔwū：居酒屋　　肯定 kěndìng：間違いなく　　小碗 xiǎo wǎn／小份 xiǎo fèn：量の少なめの～　　配 pèi：組み合わせる　　主食 zhǔshí：主食　　相似之处 xiāngsì zhī chù：似ているところ　　不同之所 bù tóng zhī suǒ：異なるところ

1 "或者"

"或者" は「あるいは」「または」「それとも」という意味で、2つのうちどちらかを選択するという表現になる。

喝　黑咖啡，　**或者**　喝　拿铁。　　　　　　　　　　　　　　拿铁：カフェラテ
Hē　hēikāfēi,　huòzhě　hē　nátiě.

或者　吃　拉面，　**或者**　吃　乌冬面，　反正　我　都　爱　吃。
Huòzhě　chī　lāmiàn,　huòzhě　chī　wūdōngmiàn,　fǎnzhèng　wǒ　dōu　ài　chī.

乌冬面：うどん　　反正：いずれにしても

2 離合詞

一見1つの動詞に見えるが、［動詞＋目的語］で構成されている2音節の語句。助詞や数量フレーズなどが間に入ることに注意。

例）　打工　　　　　见面　　　　　吃惊　　　　游泳　　　　结婚　　　　留学
　　　dǎgōng　　　jiànmiàn　　　chījīng　　　yóuyǒng　　　jiéhūn　　　liúxué
　　（アルバイトをする）　（会う）　（びっくりする）　（泳ぐ）　（結婚する）　（留学する）

我们　在　中国　**见**过　两　次　**面**。
Wǒmen　zài　Zhōngguó　jiànguo　liǎng　cì　miàn.

我　**吃**了　一　**惊**，原来　牛蒡　这么　好吃。　　　　　原来：なんと（～だったのか）
Wǒ　chīle　yì　jīng,　yuánlái　niúpáng　zhème　hǎochī.　　　　牛蒡：ごぼう

3 "只要～，就…"

「～さえすれば…」「～でさえあれば…」と必要な条件を表す。

只要　蘸　一点点　酱油，味道　**就**　更　好　了！　　　　　蘸：さっとつける
Zhǐyào　zhàn　yìdiǎndiǎn　jiàngyóu,　wèidao　jiù　gèng　hǎo　le！

只要　喝　一口，你　**就**　会　喜欢　的。
Zhǐyào　hē　yìkǒu,　nǐ　jiù　huì　xǐhuan　de.

4 "按照"　「～に照らして」「～によって」「～にしたがって」

按照　日本　的　文化，元旦　是　很　重要　的。　　　　　元旦：元旦
Ànzhào　Rìběn　de　wénhuà,　Yuándàn　shì　hěn　zhòngyào　de.

按照　计划，我们　去　野餐。　　　　　　　　　　　　　　野餐：ピクニック
Ànzhào　jìhuà,　wǒmen　qù　yěcān.

1 （　　）にふさわしい語句を入れて発音しなさい。

1) ファストフードとか、麺類とか、何か簡単に食べましょう。

我们　随便　吃点　东西　吧，　吃　快餐，（　　　　）吃　面。
Wǒmen　suíbiàn　chī　diǎn　dōngxi　ba，　chī　kuàicān，　　　　chī　miàn.

随便：自由に

2) 日本の習慣で、春には多くの人がお花見をします。

（　　　　）日本　的　习惯，春天　很　多　人　赏　樱花。
　　　　　Rìběn　de　xíguàn，chūntiān　hěn　duō　rén　shǎng　yīnghuā.

3) 私は中国に留学したことがあるので、中華料理について比較的知っています。

我　在　中国　（　　）（　　　）（　　　），所以　对　中国菜　比较　了解。
Wǒ　zài　Zhōngguó　　　　　　　　　　　　suǒyǐ　duì　Zhōngguócài　bǐjiào　liǎojiě.

4) 遠慮しないでください。あなたが楽しいなら、私は安心しました。

请　不要　客气！（　　　　）你　开心，我　（　　　　）放心　了。
Qǐng　búyào　kèqi！　　　　　nǐ　kāixīn，wǒ　　　　　fàngxīn　le.

2 日本語に合うよう語句を並べ替え、文を完成させなさい。

1) 私は3時間車を運転した。
〔　小时　/　我　/　开　/　车　/　三个　/　了　〕

2) 好きなら、たくさん食べてくださいね。
〔　就　/　喜欢　/　你　/　只要　/　吧　/　吃点儿　/　多　〕

3) 今日はお肉を食べましょう。焼き肉か、鍋か。
〔　烤肉　/　今天　/　火锅　/　肉　/　或者　/　吧　/　咱们　/　或者　/　吃　〕

火锅 huǒguō：鍋料理

4) 伝統的な文化にしたがって、成人式のときには和服を着ます。
〔　文化　/　的时候　/　按照　/　过成人节　/　和服　/　传统　/　穿　〕

成人节 Chéngrénjié：成人の日

3 下線部に注意しながら、次の日本語を中国語に訳しなさい。

1) 先週の日曜日、私は6時間アルバイトをしました。

2) 和食にするか、中華にするか、あなたが食べたいものを食べましょう。

3) あなたがこのプレゼントを気に入ってくれさえすれば、私はとてもうれしいです。

気に入る：喜欢 xǐhuan

1) 本文の内容について、質問に答えましょう。

2) 回答例を参考に、自分だったらどう答えるか考えてみましょう。

(53)

Q1 这里 有 什么 招牌菜 吗？
Zhèli yǒu shénme zhāopáicài ma ?

招牌菜：看板メニュー

1)

2) 这个 店 的 鸡肉串 很 好吃。
Zhèige diàn de jīròuchuàn hěn hǎochī.

鸡肉串：やきとり

这里 的 火锅 很 有名，可以 尝到 各种 味道。
Zhèli de huǒguō hěn yǒumíng, kěyǐ chángdào gèzhǒng wèidao.

Q2 该 怎么 点 菜 呢？
Gāi zěnme diǎn cài ne ?

1)

2) 菜单 上 有 中文，你 慢慢儿 看 吧。
Càidān shang yǒu Zhōngwén, nǐ mànmānr kàn ba.

菜单 上 都 配 有 照片，你 想 吃 什么 就 点 什么。
Càidān shang dōu pèi yǒu zhàopiàn, nǐ xiǎng chī shénme jiù diǎn shénme.

Q3 这个 该 怎么 吃，你 教教 我 吧。
Zhèige gāi zěnme chī, nǐ jiāojiao wǒ ba.

1)

2) 这个 可以 直接 吃，味道 都 调好 了。
Zhèige kěyǐ zhíjiē chī, wèidao dōu tiáohǎo le.

调好：ちゃんと調えてある

可以 按照 你 的 口味儿，放 沙拉酱、调料汁 都 行。
Kěyǐ ànzhào nǐ de kǒuwèir, fàng shālājiàng, tiáoliàozhī dōu xíng.

沙拉酱：ドレッシング　　调料汁：調味料

Q4 想 吃饭 的 话，什么 地方 最 方便？
Xiǎng chī fàn de huà, shénme dìfang zuì fāngbiàn ?

1)

2) 车站 大楼 里 就 有 很 多 餐厅，回 家 也 方便。
Chēzhàn dàlóu li jiù yǒu hěn duō cāntīng, huí jiā yě fāngbiàn.

车站大楼：駅ビル

有 很 多 居酒屋 连锁店，客人 可以 用 触屏 点 菜。
Yǒu hěn duō jūjiǔwū liánsuǒdiàn, kèren kěyǐ yòng chùpíng diǎn cài.

连锁店：チェーン店

第 **14** 課　相互理解

听说， 中国 年轻人 的 生活 离不开 手机， 做 什么 都 要 用
Tīngshuō, Zhōngguó niánqīngrén de shēnghuó líbukāi shǒujī, zuò shénme dōu yào yòng

手机。 一 位 中国 朋友 告诉 我， 中国 的 校园 生活 已经
shǒujī. Yí wèi Zhōngguó péngyou gàosu wǒ, Zhōngguó de xiàoyuán shēnghuó yǐjīng

完全 实现 无现金化 了。 即使[1] 不 带 钱包， 也 没有 任何 问题。
wánquán shíxiàn wúxiànjīnhuà le. Jíshǐ bú dài qiánbāo, yě méiyǒu rènhé wèntí.

说到 手机 改变 生活， 我 很 想 知道 中国 的 共享 经济
Shuōdào shǒujī gǎibiàn shēnghuó, wǒ hěn xiǎng zhīdao Zhōngguó de gòngxiǎng jīngjì

发展 的 情况。 比如， 共享 单车 的 普及， 不但[2] 对 经济 发展
fāzhǎn de qíngkuàng. Bǐrú, gòngxiǎng dānchē de pǔjí, búdàn duì jīngjì fāzhǎn

影响 很 大， 而且 给 大家 的 生活 方式 也 带来了 变化。
yǐngxiǎng hěn dà, érqiě gěi dàjiā de shēnghuó fāngshì yě dàilaile biànhuà.

我 觉得 通过 媒体 了解 的 事情 很 有限。 除非[3] 亲眼 去 看，
Wǒ juéde tōngguò méitǐ liǎojiě de shìqing hěn yǒuxiàn. Chúfēi qīnyǎn qù kàn,

否则 不 能 了解到 真实 情况。 中日 之 间 有 很 多 差异， 但
fǒuzé bù néng liǎojiědào zhēnshí qíngkuàng. Zhōng-Rì zhī jiān yǒu hěn duō chāyì, dàn

既然[4] 都 是 年轻人， 我们 肯定 会 有 许多 共同 的 话题。
jìrán dōu shì niánqīngrén, wǒmen kěndìng huì yǒu xǔduō gòngtóng de huàtí.

語句

实现 shíxiàn：実現する　　无现金化 wúxiànjīnhuà：キャッシュレス化　　任何 rènhé：どんな（～でも）　　**说到** shuōdào：～について言えば　　改变 gǎibiàn：変える　　共享经济 gòngxiǎng jīngjì：シェアリングエコノミー　　**共享单车** gòngxiǎng dānchē：シェアサイクル　　普及 pǔjí：普及する　　影响 yǐngxiǎng：影響　　**生活方式** shēnghuó fāngshì：ライフスタイル　　通过 tōngguò：～を通して　　媒体 méitǐ：メディア　　有限 yǒuxiàn：限りがある　　亲眼 qīnyǎn：自分の目で　　真实 zhēnshí：真実である　　差异 chāyì：相違、違い　　**共同** gòngtóng：共通の　　话题 huàtí：話題

1 "即使～，也…"「たとえ～でも…」「仮に～だとしても…」

即使　大学　毕业，　也　不　一定　找得到　满意　的　工作。　　　找得到：見つかる
Jíshǐ　dàxué　bìyè,　　yě　bù　yídìng　zhǎodedào　mǎnyì　de　gōngzuò.

即使　有　很　多　文化　差异，　我们　也　可以　互相　理解。　　　互相：お互いに
Jíshǐ　yǒu　hěn　duō　wénhuà　chāyì,　wǒmen　yě　kěyǐ　hùxiāng　lǐjiě.

2 "不但～，而且/还…"「～ばかりでなく…」「～のみならず…」

不但　是　太阳能，　还　有　风力、　地热，　　　　太阳能：太陽エネルギー
Búdàn　shì　tàiyángnéng,　hái　yǒu　fēnglì、　dìrè,

　　自然　能源　发电　也　有　发展　的　空间。　　　能源：エネルギー
　　zìrán　néngyuán　fādiàn　yě　yǒu　fāzhǎn　de　kōngjiān.　　　发电：発電

少子　老龄化　不但　会　对　经济　发展　产生　负面　影响，
Shǎozǐ　lǎolínghuà　búdàn　huì　duì　jīngjì　fāzhǎn　chǎnshēng　fùmiàn　yǐngxiǎng,

而且　也　会　给　社会　保障　带来　很　大　的　负担。
érqiě　yě　huì　gěi　shèhuì　bǎozhàng　dàilai　hěn　dà　de　fùdān.

产生：生じる
少子老龄化：少子高齢化

3 "除非～，否则…"

「～しない限り、さもなくば…しない」「～してこそ…する」という意味で、"否则"の後ろには
否定の表現が来る。

除非　好好儿　练习　发音，　否则　不　会　学好　汉语。
Chúfēi　hǎohāor　liànxí　fāyīn,　fǒuzé　bú　huì　xuéhǎo　Hànyǔ.

除非　彻底　解决　空气　污染，　否则　不　能　放心。　　　彻底：徹底的に
Chúfēi　chèdǐ　jiějué　kōngqì　wūrǎn,　fǒuzé　bù　néng　fàngxīn.　　　空气污染：大気汚染

4 "既然～，也/还/就…"「～である以上…」「～したからには…」

既然　问题　发生　了，　我们　就　要　正视。　　　正视：正視する
Jìrán　wèntí　fāshēng　le,　wǒmen　jiù　yào　zhèngshì.

既然　是　邻居，　日本　和　中国　就　要　和平　共处。
Jìrán　shì　línjū,　Rìběn　hé　Zhōngguó　jiù　yào　hépíng　gòngchǔ.

邻居：隣人
和平共处：平和共存する

1 (　　) にふさわしい語句を入れて発音しなさい。

1) ゆっくり話してこそ、お互いを本当に理解することができます。

(　　　　) 好好儿 谈谈, (　　　　) (　　　　) 能 真正 了解 互相。
hǎohāor tántan, néng zhēnzhèng liǎojiě hùxiāng.

2) 日中間には、文化的に似ているところだけでなく、類似の社会問題もあります。

日中 之 间, (　　　　) 有 文化 相似 的 地方,
Rì-Zhōng zhī jiān, yǒu wénhuà xiāngsì de dìfang,

(　　　　) 有 很 多 类似 的 社会 问题。
yǒu hěn duō lèisì de shèhuì wèntí.

3) たとえ文化が異なっても、私たちは通じ合うことができます。

(　　　　) 文化 不 同, 我们 (　　　　) 能 沟通。
wénhuà bù tóng, wǒmen néng gōutōng.

沟通：通じ合う

4) 友だちになったのですから、今後何かあったら頼りにしてくださいね。

(　　　　) 我们 是 朋友 了, 以后 有 什么 事 (　　　　) 找 我 吧。
wǒmen shì péngyou le, yǐhòu yǒu shénme shì zhǎo wǒ ba.

2 日本語に合うよう語句を並べ替え、文を完成させなさい。

1) たとえ言葉が通じなくても、私たちは交流することができます。

〔 也 / 不通 / 可以 / 即使 / 我们 / 语言 / 交流 〕

2) ライフスタイルのみならず、生活のリズムまで、携帯電話がすべてを変えた。

〔 手机 / 生活方式 / 生活节奏 / 一切 / 不但是 / 改变 / 了 / 还是 〕
节奏 jiézòu：リズム

3) 自分で努力しない限り、理想の仕事は見つかりません。

〔 努力 / 自己 / 除非 / 要 / 理想的工作 / 不 / 找到 / 否则 / 能 〕
努力 nǔlì：努力する

4) 交流のチャンスがあるからには、私たちは思う存分語り合いましょう。

〔 机会 / 既然 / 咱们 / 吧 / 交流 / 就 / 尽情畅谈 / 的 / 有 〕
尽情畅谈 jìnqíng chàngtán：思う存分語り合う

3 下線部に注意しながら、次の日本語を中国語に訳しなさい。

1) 中国語を<u>まじめに勉強しなければ</u>、中国をきちんと<u>理解することはできない</u>。

2) <u>たとえ</u>私の中国語<u>が上手でなくても</u>、私たちはお互いに交流することができる。

3) 携帯電話は経済発展<u>のみならず</u>、私たちのライフスタイル<u>にも</u>大きな影響をもたらしている。

1) 本文の内容について、話し手（"我"）の立場になって質問に答えましょう。

57

2) 回答例を参考に、自分だったらどう答えるか考えてみましょう。

Q1 你 对 中国 的 哪些 方面 感 兴趣？
Nǐ duì Zhōngguó de nǎxiē fāngmiàn gǎn xìngqù？

　　1)

　　2) 我 想 了解 一下 微信 支付。 微信支付：WeChat Pay
　　　 Wǒ xiǎng liǎojiě yíxià Wēixìn zhīfù.

　　　 我 对 无人 驾驶 技术 很 感 兴趣。 无人驾驶：自動運転
　　　 Wǒ duì wúrén jiàshǐ jìshù hěn gǎn xìngqù.

Q2 你 自己 的 生活 离不开 手机 吗？
Nǐ zìjǐ de shēnghuó líbukāi shǒujī ma？

　　1)

　　2) 当然 了！ 手机 没 电 了， 我 会 很 着急。 着急：あせる
　　　 Dāngrán le！ Shǒujī méi diàn le， wǒ huì hěn zháojí.

　　　 在 我 的 生活 当中， 手机 起了 很 大 的 作用。
　　　 Zài wǒ de shēnghuó dāngzhōng, shǒujī qǐle hěn dà de zuòyòng.

　　　　　　　　　　　　　　　　　　　　　　起作用：役に立つ

Q3 你 是 怎样 获得 有关 中国 的 信息 的 呢？
Nǐ shì zěnyàng huòdé yǒuguān Zhōngguó de xìnxī de ne？

　　1)

　　2) 我 经常 用 手机 上网 看 新闻。
　　　 Wǒ jīngcháng yòng shǒujī shàngwǎng kàn xīnwén.

　　　 有 时候 我 在 大学 的 图书馆 看看 中文 报纸。
　　　 Yǒu shíhou wǒ zài dàxué de túshūguǎn kànkan Zhōngwén bàozhǐ.

Q4 怎样 促进 日中 之 间 的 相互 理解 和 相互 信赖？
Zěnyàng cùjìn Rì-Zhōng zhī jiān de xiānghù lǐjiě hé xiānghù xìnlài？

　　　　　　　　　　　　　　　　　　　　　　促进：促進する

　　1)

　　2) 我 觉得 文化 交流 是 最 好 的 方法。
　　　 Wǒ juéde wénhuà jiāoliú shì zuì hǎo de fāngfǎ.

　　　 别 着急， 我们 要 互相 学习， 慢慢儿 来 吧！
　　　 Bié zháojí, wǒmen yào hùxiāng xuéxí, mànmānr lái ba！

使用語句リスト

A

阿美横町	Āměi héngdīng	名	アメヤ横丁	10
阿	ā	接頭	〔名前の前につけて親しみを表す〕	1
阿姨	āyí	名	おばさん	1
爱	ài	動	〜することを好む	13
爱好	àihào	名	趣味	3
爱心座	àixīnzuò	名	優先席	9
安静	ānjìng	形	静かである、静かにする	3
安排	ānpái	動	配置する	10
按	àn	動	押す	9
按照	ànzhào	介	〜に照らして、〜によって、〜にしたがって	13

B

巴士	bāshì	名	バス	11
把	bǎ	介	〜を	7
爸爸	bàba	名	父、お父さん	1
吧	ba	助	①〜しよう	1
			②〜だろう	1
			③〜しなさい	1
白羊座	báiyángzuò	名	おひつじ座	1
百货店	bǎihuòdiàn	名	デパート	10
办	bàn	動	調達する、取得する	8
办公区	bàngōngqū	名	ビジネス街	10
半	bàn	数	半分	9
帮	bāng	動	助ける、手伝う	6
包	bāo	名	バッグ	3
包装	bāozhuāng	名	ラッピング	10
保持	bǎochí	動	持ち続ける、保つ	3
保障	bǎozhàng	名	保障	14
保证	bǎozhèng	名	保証	12
报告	bàogào	名	レポート	12
报纸	bàozhǐ	名	新聞	14
杯	bēi	名	コップ	8
		量	〜杯	1
杯子	bēizi	名	コップ	12
北京	Běijīng	名	北京	2
被	bèi	介	〜に（…される）	8

本	běn	量	〜冊	6
本子	běnzi	名	ノート	7
比	bǐ	介	〜より	4
比较	bǐjiào	副	比較的、わりあいに	1
比如	bǐrú	接	たとえば	11
比赛	bǐsài	名	試合	5
笔记本电脑	bǐjìběn diànnǎo	名	ノートパソコン	4
必	bì	副	必ず〜せねばならない	8
必不可少	bì bù kě shǎo		欠くことができない	11
毕业	bì//yè	動	卒業する	2
编号	biānhào	名	整理番号	9
贬值	biǎn//zhí	動	貨幣価値が下がる	10
变	biàn	動	変わる、〜になる	10
变化	biànhuà	名	変化	14
便利店	biànlìdiàn	名	コンビニエンスストア	9
标准	biāozhǔn	名	基準	3
表演	biǎoyǎn	名	パフォーマンス	8
别	bié	副	〜するな	9
冰淇淋	bīngqílín	名	アイスクリーム	3
饼干	bǐnggān	名	ビスケット	12
玻璃	bōli	名	ガラス	8
不	bù	副	〜ない	1
不错	búcuò	形	よい、悪くない	9
不但	búdàn	接	〜ばかりでなく	14
不断	búduàn	副	絶えず	8
不妨	bùfáng	副	〜してみたら	11
不管	bùguǎn	接	〜であろうと、〜にかかわらず	9
不过	búguò	副	でも	1
不好意思	bù hǎoyìsi		申し訳ない	10
不仅	bùjǐn		〜だけでなく、〜にとどまらず	10
不太〜	bú tài〜		あまり〜でない	4
不要	búyào	副	〜してはならない	4
部	bù	量	〔映画などを数える〕	12

C

才	cái	副	やっと、ようやく	7
彩色	cǎisè	名	カラー、さまざまな色	1
菜	cài	名	おかず、料理	5

菜单	càidān	名 メニュー	13
菜式	càishì	名 料理のスタイル	13
参观	cānguān	動 見学する	11
参加	cānjiā	動 参加する	5
参团游	cāntuányóu	名 団体旅行	8
餐厅	cāntīng	名 レストラン	3
测试	cèshì	動 試す	7
曾经	céngjīng	副 かつて	6
差异	chāyì	名 相違、違い	14
查	chá	動 調べる、辞書を引く	4
茶	chá	名 お茶	1
茶道	chádào	名 茶道	8
产品	chǎnpǐn	名 製品	12
产生	chǎnshēng	動 生じる	14
长	cháng	形 長い	11
长假	chángjià	名 連休	5
长崎	Chángqí	名 長崎	2
长途大巴	chángtú dàbā	名 長距離バス	9
长野	Chángyě	名 長野	6
尝	cháng	動 味わう	11
尝到	chángdào	味わえる	2
场所	chǎngsuǒ	名 場所	3
唱	chàng	動 歌う	3
畅谈	chàngtán	動 心おきなく話す	14
畅饮	chàngyǐn	動 心行くまで飲む、飲み放題	3
超市	chāoshì	名 スーパーマーケット	3
炒饭	chǎofàn	名 チャーハン	13
车	chē	名 車	5
车票	chēpiào	名 (電車などの) 切符	9
车厢	chēxiāng	名 車両	9
车站	chēzhàn	名 駅	2
彻底	chèdǐ	形 徹底的に	14
称呼	chēnghu	動 ～と呼ぶ	1
称为	chēngwéi	～と呼ぶ、～と称する	8
乘	chéng	動 乗る	9
		介 ～に乗じて、～を利用して	8
城堡	chéngbǎo	名 城	2
城市	chéngshì	名 都市	8
成人节	Chéngrénjié	成人の日	13
吃	chī	動 食べる	1
吃不惯	chībuguàn	食べ慣れない	11
吃不了	chībuliǎo	食べきれない	6
吃惊	chī//jīng	動 驚く	13
吃起来	chīqǐlai	食べてみると	12
充电	chōng//diàn	動 充電する	4
充电宝	chōngdiànbǎo	名 モバイルバッテリー	4
充分	chōngfèn	副 充分に	6

冲绳	Chōngshéng	名 沖縄	8
重播	chóngbō	名 再放送	12
宠物	chǒngwù	名 ペット	2
抽烟	chōu//yān	動 タバコを吸う	9
出	chū	動 出る	12
出差	chū//chāi	動 出張する	9
出去	chūqu	出ていく	3
出生	chūshēng	動 生まれる	1
出租车	chūzūchē	名 タクシー	9
除非	chúfēi	接 ～しない限り、～してこそ	14
除了	chúle	介 ～を除いて	3
触屏	chùpíng	名 タッチパネル	9
穿	chuān	動 着る	11
传统	chuántǒng	形 伝統的な	11
春假	Chūnjià	名 春休み	5
春节	Chūnjié	名 春節	7
春天	chūntiān	名 春	11
词典	cídiǎn	名 辞書	2
次	cì	量 ～回	3
从	cóng	介 ～から	2
从~到…	cóng~dào…	～から…まで	2
促进	cùjìn	動 促進する	14
存包柜	cúnbāoguì	名 コインロッカー	9

D

打	dǎ	動 ①(球技などを) する	3
		②(電話を) かける	3
打的	dǎ//dī	動 タクシーに乗る	6
打给	dǎgěi~	～に電話をかける	4
打工	dǎ//gōng	動 アルバイトをする	2
打鼓	dǎ//gǔ	動 太鼓をたたく	11
打扫	dǎsǎo	動 掃除をする	5
打算	dǎsuàn	動 ～するつもりだ	5
打折	dǎ//zhé	動 割引する	10
大	dà	形 大きい	7
大巴	dàbā	名 大型バス	8
大阪	Dàbǎn	名 大阪	10
大杯	dàbēi	名 大きなグラス	6
大概	dàgài	副 だいたい、およそ	2
大哥	dàgē	名 お兄さん	1
大家	dàjiā	代 みんな	4
大街	dàjiē	名 大通り	10
大连	Dàlián	名 大連	7
大楼	dàlóu	名 ビル	13
大小	dàxiǎo	名 大小	1
大学	dàxué	名 大学	2
带	dài	動 携帯する、身につける	14
带来	dàilai	持ってくる、もたらす	11

代表	dàibiǎo	名 代表	12
单点	dāndiǎn	動 単品で注文する	13
单轨电车	dānguǐ diànchē	名 モノレール	9
但	dàn	接 しかし	11
但是	dànshì	接 しかし	6
当	dāng	動 〜になる	5
当地	dāngdì	名 現地	6
当然	dāngrán	形 当然である	4
		副 もちろん	4
当时	dāngshí	名 当時、そのとき	6
当中	dāngzhōng	方 〜の中	11
到	dào	動 ①行く、来る	2
		②到着する	6
到此	dào cǐ	ここまで	10
倒过来	dàoguòlai	引っくり返す	12
道理	dàolǐ	名 道理	7
得	de	助 〔様態補語を導く〕	6
的	de	助 ①〜の〔名詞の修飾語を作る〕	1
		②〔文末で肯定を表す〕	2
〜的话	〜 de huà	もし〜なら	5
地	de	助 〔動詞・形容詞の修飾語を作る〕	4
等	děng	動 待つ	2
		助 〜など	11
地方	dìfang	名 場所、ところ	2
地区	dìqū	名 地区	9
地热	dìrè	名 地熱	14
地铁	dìtiě	名 地下鉄	9
地图	dìtú	名 地図	9
弟弟	dìdi	名 弟	1
第	dì	接頭 第〜	11
点	diǎn	動 料理を注文する	13
		量 〜時	3
点儿	diǎnr	少し	5
典型	diǎnxíng	形 典型的である	6
店	diàn	名 店	10
电车	diànchē	名 電車	1
电饭锅	diànfànguō	名 IH 炊飯器	12
电话	diànhuà	名 電話	3
电脑	diànnǎo	名 パソコン	3
电器	diànqì	名 家電	8
电视	diànshì	名 テレビ	5
电影	diànyǐng	名 映画	1
订	dìng	動 予約する	6
丢	diū	動 なくす	7
东京	Dōngjīng	名 東京	2
东京晴空塔	Dōngjīng Qíngkōngtǎ	東京スカイツリー	8

东西	dōngxi	名 もの	2
动画片	dònghuàpiàn	名 アニメ	12
动漫	dòngmàn	名 アニメと漫画	8
动作	dòngzuò	名 動作	11
兜风	dōu//fēng	動 ドライブする	5
都	dōu	副 いずれも、みな	1
独特	dútè	形 独特である、特有の	2
短	duǎn	形 短い	11
锻炼	duànliàn	動 鍛える	3
对	duì	介 〜について、〜に対して	4
对〜来说	duì 〜 lái shuō	〜にとって	7
对方	duìfāng	名 相手	7
兑换	duìhuàn	動 両替する	10
多	duō	形 多い	1
		代 どんなに	9
		数 〜あまり	3
多长时间	duō cháng shíjiān	どのくらい（の時間）	9
多大	duō dà	何歳	1
多少	duōshao	代 いくつ	4
多种多样	duōzhǒng duōyàng	さまざまである	10

E

而且	érqiě	接 そのうえ、しかも	8
二维码	èrwéimǎ	名 QR コード	4

F

发	fā	動 発送する、送る	4
发到	fādào	〜に送る	7
发电	fā//diàn	動 発電する	14
发生	fāshēng	動 発生する	14
发送	fāsòng	動 送信する、送る	4
发音	fāyīn	名 発音	1
发展	fāzhǎn	動 発展する	10
翻译	fānyì	名 通訳	10
繁华	fánhuá	形 にぎやかである	10
反正	fǎnzhèng	副 いずれにしても	13
饭	fàn	名 ごはん	1
饭菜	fàncài	名 食事	3
饭店	fàndiàn	名 ホテル	6
方便	fāngbiàn	形 便利である	2
方法	fāngfǎ	名 方法	4
方面	fāngmiàn	名 方面	5
方式	fāngshì	名 スタイル	14
芳香	fāngxiāng	形 香りがよい	1
房间	fángjiān	名 部屋	5
放	fàng	動 ①休みになる	5
		②入れる、混ぜる	13
放不下	fàngbuxià	入れられない	6
放松	fàngsōng	動 リラックスさせる	3

放心	fàng//xīn	動 安心する	10
放在	fàngzài	～に置く	7
非常	fēicháng	副 非常に、とても	4
飞机	fēijī	名 飛行機	2
分明	fēnmíng	形 はっきりしている	11
分享	fēnxiǎng	動 シェアする、分かち合う	4
分钟	fēnzhōng	量 ～分、～分間	2
粉丝	fěnsī	名 ファン	9
份	fèn	量 (料理などの)～人前	13
丰富	fēngfù	形 豊富である	3
丰盛	fēngshèng	形 盛りだくさんである	6
风力	fēnglì	名 風力	14
风俗	fēngsú	名 風俗	11
风土	fēngtǔ	名 風土	2
否则	fǒuzé	接 さもなくば	14
服务	fúwù	名 サービス	8
服装店	fúzhuāngdiàn	名 衣料品店	12
负担	fùdān	動 負担する	14
负面	fùmiàn	形 マイナスの	14
付	fù	動 払う	8
附近	fùjìn	名 付近、近所	2
父母	fùmǔ	名 両親	5
富士山	Fùshìshān	名 富士山	2
复习	fùxí	動 復習する	5

G

该	gāi	助動 ～すべきである、～する 必要がある	5
改变	gǎibiàn	動 変える	14
干净	gānjìng	形 きれいである、衛生的だ	3
感受到	gǎnshòudào	～を感じる	2
感兴趣	gǎn xìngqù	興味をもっている	7
刚	gāng	副 ～したばかりだ	1
钢琴	gāngqín	名 ピアノ	3
高	gāo	形 高い	8
高档	gāodàng	形 高級の	10
高端	gāoduān	形 ハイエンド、付加価値が高 く高価な	12
高峰	gāofēng	名 ピーク、交通機関のラッ シュ	9
高兴	gāoxìng	形 うれしい	1
高中	gāozhōng	名 高校	2
告诉	gàosu	動 伝える	4
歌	gē	名 歌	3
歌舞伎町	Gēwǔjìdīng	名 歌舞伎町	12
哥哥	gēge	名 兄、お兄さん	1
个人	gèrén	名 個人	8
各种	gèzhǒng	形 さまざまな	11
各自	gèzì	代 各自	11

个	ge	量 〔人やものを数える〕	1
给	gěi	動 あげる、与える	1
		介 ～(のため)に	1
跟	gēn	介 ～と	1
更	gèng	副 さらに	4
工艺	gōngyì	名 工芸	11
工作	gōngzuò	名 仕事	14
公共	gōnggòng	形 公共の	9
公交车	gōngjiāochē	名 バス	6
公里	gōnglǐ	量 キロメートル	2
公司职员	gōngsī zhíyuán	会社員	1
公务员	gōngwùyuán	名 公務員	1
公园	gōngyuán	名 公園	2
功课	gōngkè	名 勉強	5
功能	gōngnéng	名 機能	12
共同	gòngtóng	形 共通の	14
共享	gòngxiǎng	動 シェアする、共に享受する	14
共享单车	gòngxiǎng dānchē	シェアサイクル	14
沟通	gōutōng	動 通じ合う	14
购物	gòuwù	動 買い物をする	5
古都	gǔdū	名 古都	8
古老	gǔlǎo	形 古い	2
观光	guānguāng	動 観光する	11
关系	guānxi	名 関係	10
关注	guānzhù	動 注目する	8
广播	guǎngbō	名 放送	10
广大	guǎngdà	形 広大な、広い	1
广东话	Guǎngdōnghuà	名 広東語	6
逛	guàng	動 ぶらぶら歩く	9
逛街	guàng//jiē	動 街をぶらぶらする	5
规模	guīmó	名 規模	12
贵	guì	形 高価である	4
国内	guónèi	名 国内	10
国庆节	Guóqìngjié	名 国慶節	8
过	guò	動 過ごす	1
		副 ～すぎる	11
过奖	guòjiǎng	動 ほめすぎる	7
过节	guò//jié	動 祝日を過ごす	2
过年	guò//nián	動 年を越す	5
过	guo	助 ～したことがある	7

H

还	hái	副 ①さらに	2
		②まだ	6
还可以	hái kěyǐ	まあまあだ	2
还是	háishi	副 ①それとも	3
		②やはり	12
海边	hǎibiān	名 海	2

海外	hǎiwài	名 海外	10
寒假	hánjià	名 冬休み	5
韩语	Hányǔ	名 韓国語	3
汉语	Hànyǔ	名 中国語	1
汉字	Hànzì	名 漢字	7
好	hǎo	形 よい	1
好吃	hǎochī	形 (食べて) おいしい	2
好穿	hǎochuān	形 履きやすい	3
好好儿	hǎohāor	副 よく、ちゃんと	5
好喝	hǎohē	形 (飲んで) おいしい	3
好几	hǎojǐ	数 〔量詞の前に置き数の多さを表す〕	10
好看	hǎokàn	形 (見て) おもしろい	5
好玩儿	hǎowánr	形 (遊んで) おもしろい	8
好友	hǎoyǒu	名 (SNSにおける) 友だち	4
号	hào	量 ～日	1
号码	hàomǎ	名 番号	4
喝	hē	動 飲む	1
喝不了	hēbuliǎo	飲みきれない	6
和	hé	接 ～と	1
和服	héfú	名 和服	11
和平共处	hépíng gòngchǔ	平和共存する	14
合影	héyǐng	動 一緒に写真を撮る	4
黑咖啡	hēikāfēi	ブラックコーヒー	13
很	hěn	副 とても	1
横滨	Héngbīn	名 横浜	2
红茶	hóngchá	名 紅茶	3
红叶	hóngyè	名 もみじ、紅葉	11
厚	hòu	形 厚い	6
胡萝卜	húluóbo	名 にんじん	3
户外	hùwài	名 アウトドア	3
互相	hùxiāng	副 お互いに	14
花茶	huāchá	名 ジャスミン茶	3
花火大会	huāhuǒ dàhuì	名 花火大会	10
花样	huāyàng	名 模様	11
话	huà	名 言葉	7
话题	huàtí	名 話題	14
化妆品	huàzhuāngpǐn	名 化粧品	10
欢迎	huānyíng	動 歓迎する	2
环境	huánjìng	名 環境	2
换	huàn	動 換える	6
换成	huànchéng	～に換える	7
回	huí	動 帰る、戻る	3
回来	huílai	帰ってくる	6
回头客	huítóukè	名 リピーター	8
会	huì	助動 ①～だろう、～のはずだ	2
		②～できる	2
活动	huódòng	名 活動、イベント	3

火锅	huǒguō	名 鍋料理	13
获得	huòdé	動 獲得する	14
或者	huòzhě	接 あるいは、それとも	13

J

几乎	jīhū	副 ほとんど	11
基本	jīběn	形 基本的に	10
机场	jīchǎng	名 空港	6
机会	jīhuì	名 チャンス	5
积分	jī//fēn	動 ポイントをためる	10
鸡肉串	jīròuchuàn	名 やきとり	13
及格	jí//gé	動 合格する	7
即使	jíshǐ	接 たとえ～だとしても	14
吉祥物	jíxiángwù	名 キャラクター	8
集中	jízhōng	動 集める、集まる	10
几	jǐ	代 いくつ	1
挤	jǐ	形 混んでいる	9
记	jì	動 ①書き留める	4
		②記憶する	6
记录	jìlù	動 記録する	4
纪念	jìniàn	名 記念	6
纪念品	jìniànpǐn	名 記念品	6
计划	jìhuà	名 計画	5
季节	jìjié	名 季節	11
忌口	jì//kǒu	動 特定の食べ物を避ける	5
既然	jìrán	接 ～である以上、～したからには	14
技术	jìshù	名 技術	14
加	jiā	動 加える	4
家	jiā	名 家	1
		量 〔店や企業を数える〕	3
家人	jiārén	名 家族	1
家庭餐厅	jiātíng cāntīng	名 ファミリーレストラン	13
家乡	jiāxiāng	名 ふるさと	2
家乡菜	jiāxiāngcài	名 郷土料理	2
价格	jiàgé	名 価格	9
驾照	jiàzhào	名 運転免許証	5
坚持	jiānchí	動 堅持する、がんばり続ける	7
减肥	jiǎn//féi	動 ダイエットをする	5
剪	jiǎn	動 (はさみで) 切る	5
简单	jiǎndān	形 簡単である、単純である	12
件	jiàn	量 〔服や事柄などを数える〕	1
见面	jiàn//miàn	動 会う	8
剑道	jiàndào	名 剣道	11
健康	jiànkāng	形 健康である	3
健身房	jiànshēnfáng	名 トレーニング・ジム	3
将来	jiānglái	名 将来	7
讲	jiǎng	動 話す	9

讲究	jiǎngjiu	動 こだわる	10
讲座	jiǎngzuò	名 講座	11
酱油	jiàngyóu	名 しょうゆ	13
交	jiāo	動 交際する、友だちになる	1
交流	jiāoliú	動 交流する	4
交通	jiāotōng	名 交通、交通手段	2
交通卡	jiāotōngkǎ	名 交通カード	9
郊区	jiāoqū	名 郊外	2
教	jiāo	動 教える	4
饺子	jiǎozi	名 ギョーザ	13
叫	jiào	動 ①（名前を）～という、～と呼ぶ	1
		②～させる	8
		介 ～に（…される）	8
叫做	jiàozuò	動 ～と呼ばれる	12
较	jiào	副 比較的、わりあいに	10
接	jiē	動 迎える	6
接待	jiēdài	動 接待する	6
街	jiē	名 街	10
节假日	jiéjiàrì	名 祝祭日	11
节日	jiérì	名 祝日、節句	7
节奏	jiézòu	名 リズム	14
结婚	jié//hūn	動 結婚する	13
结束	jiéshù	動 終わる、打ち切る	10
结账	jié//zhàng	動 清算する	9
姐姐	jiějie	名 姉、お姉さん	1
解决	jiějué	動 解決する	14
借	jiè	動 借りる	2
芥末	jièmo	名 わさび	13
介绍	jièshào	動 紹介する	1
今年	jīnnián	名 今年	1
今天	jīntiān	名 今日	2
今晚	jīnwǎn	名 今晩	10
尽管	jǐnguǎn	接 ～だけれども	10
尽量	jǐnliàng	副 できるだけ	3
尽情	jìnqíng	副 思う存分	14
紧张	jǐnzhāng	形 忙しい	10
近	jìn	形 近い	2
近几年	jìn jǐ nián	この数年	8
进口	jìn//kǒu	動 輸入する	10
禁止	jìnzhǐ	動 禁止する	9
经常	jīngcháng	副 いつも、常に	2
经济	jīngjì	名 経済	10
京都	Jīngdū	名 京都	2
景点	jǐngdiǎn	名 観光スポット	5
九州	Jiǔzhōu	名 九州	2
酒	jiǔ	名 酒	2
酒店	jiǔdiàn	名 ホテル	10
就	jiù	副 すぐに、もう	4

就是	jiùshì	副 ただ、～だけ	9
居酒屋	jūjiǔwū	名 居酒屋	13
举办	jǔbàn	動 開催する	12
句	jù	量 〔言葉の区切りを数える量詞〕	7
觉得	juéde	動 ～と感じる、～と思う	4
决定	juédìng	動 決める	10
角色扮演	juésè bànyǎn	コスプレ	12

K

咖啡厅	kāfēitīng	名 カフェ	3
卡拉OK	kǎlā OK	名 カラオケ	5
开车	kāi//chē	動 車を運転する	5
开始	kāishǐ	動 始める	2
开心	kāixīn	形 楽しい	4
看	kān	動 見守る	9
看	kàn	動 見る、会う	1
看到	kàndào	見える	2
看得懂	kàndedǒng	見てわかる	6
看好	kànhǎo	きちんと見る	9
看起来	kànqǐlai	見たところ	12
看完	kànwán	見終わる	11
考	kǎo	動 試験を受ける	5
考试	kǎo//shì	名 試験	5
烤肉	kǎoròu	名 焼肉	13
可	kě	接 しかし	6
可爱	kě'ài	形 かわいい	3
可是	kěshì	接 しかし	2
可以	kěyǐ	助動 ①～できる	2
		②～してよい	2
客气	kèqi	動 遠慮する	4
客人	kèren	名 客	13
肯定	kěndìng	副 間違いなく	13
空间	kōngjiān	名 空間	14
空气	kōngqì	名 空気	14
恐怕	kǒngpà	副 おそらく	11
口	kǒu	量 〔家族の人数を数える〕	1
口碑	kǒubēi	名 口コミ	10
口味儿	kǒuwèir	名 味、嗜好	13
口音	kǒuyīn	名 なまり	9
快	kuài	副 早く	3
快餐	kuàicān	名 ファストフード	13
快餐店	kuàicāndiàn	名 ファストフード店	13
快时尚	kuàishíshàng	名 ファストファッション	10

L

拉面	lāmiàn	名 ラーメン	13
来	lái	動 来る	1
来到	láidào	～に来る	8

来自	láizì	動 〜から来る	8
老家	lǎojiā	名 実家	2
老师	lǎoshī	名 教師	7
老字号	lǎozìhao	名 老舗	10
乐趣	lèqù	名 楽しみ、喜び	11
了	le	助 ①〜した〔動作の完了を表す〕	1
		②〜になった〔新たな状況の発生、変化を表す〕	1
累	lèi	形 疲れている	4
类似	lèisì	動 類似する	14
类型	lèixíng	名 種類、タイプ	13
离	lí	介 〜から、〜まで	2
离不开	líbukāi	離れられない	4
离开	líkāi	離れる	2
理解	lǐjiě	動 理解する、わかる	14
理想	lǐxiǎng	形 理想的である	14
礼物	lǐwù	名 プレゼント	1
厉害	lìhai	形 すごい	12
历史	lìshǐ	名 歴史	7
〜里	〜li	方 〜の中	6
连〜也／都…	lián〜yě/dōu… 〜さえも…	12
连锁店	liánsuǒdiàn	名 チェーン店	13
连续剧	liánxùjù	名 連続ドラマ	5
联系	liánxì	動 連絡する	4
脸	liǎn	名 顔	5
脸书	Liǎnshū	名 Facebook	4
练习	liànxí	動 練習する	14
两	liǎng	数 2つ	1
聊	liáo	動 おしゃべりをする	4
聊天儿	liáo//tiānr	動 おしゃべりをする	1
了解	liǎojiě	動 理解する、わかる	4
了解到	liǎojiědào	〜を理解する	14
瞭望台	liàowàngtái	名 展望台	8
邻居	línjū	名 隣人	14
铃声	língshēng	名 鈴の音、着信メロディ	1
另外	lìngwài	接 別に、ほかに	5
留学	liú//xué	動 留学する	7
留学费	liúxuéfèi	名 留学費用	7
留学生	liúxuéshēng	名 留学生	7
流利	liúlì	形 流暢である	6
流行	liúxíng	動 流行する	12
楼	lóu	名 〜階	10
路上	lùshang	名 道中	8
路线	lùxiàn	名 路線	9
路线图	lùxiàntú	名 路線図	9
露营	lùyíng	名 キャンプ	3
罗马字	Luómǎzì	名 ローマ字	9
落语	luòyǔ	名 落語	11

旅馆	lǚguǎn	名 旅館	6
旅行	lǚxíng	動 旅行する	6
旅游	lǚyóu	動 旅行	5
绿茶	lǜchá	名 緑茶	3
绿色窗口	lǜsè chuāngkǒu	名 みどりの窓口〔JR の乗車券販売所〕	9

M

妈妈	māma	名 母、お母さん	1
吗	ma	助〔文末で疑問を表す〕	2
买	mǎi	動 買う	1
买到	mǎidào	買える	12
买回去	mǎihuíqu	買って帰っていく	10
鳗鱼饭	mányúfàn	名 うな重	13
满意	mǎnyì	動 満足する	2
漫画	mànhuà	名 漫画	12
慢慢儿	mànmānr	副 ゆっくり	13
忙	máng	形 忙しい	5
毛巾	máojīn	名 タオル	3
没电	méi diàn	電池が切れる	14
没(有)	méi(yǒu)	動 ①ない、いない、持っていない	3
		②〜ほど…ない	4
	méi(you)	副 〜しなかった、まだ〜していない	4
媒体	méitǐ	名 メディア	14
梅雨	méiyǔ	名 梅雨	11
每	měi	代 毎〜	3
每天	měitiān	名 毎日	3
美发店	měifàdiàn	名 美容院	5
美术馆	měishùguǎn	名 美術館	9
美元	Měiyuán	名 ドル	10
〜们	〜men	接尾〔人を指す言葉の後ろで複数を表す〕	1
萌文化	méngwénhuà	萌え文化	12
米	mǐ	量 メートル	2
面	miàn	名 麺類	13
面包车	miànbāochē	名 マイクロバス	6
面对面	miànduìmiàn	顔を合わせて	7
面馆	miànguǎn	名 麺類のお店	13
明白	míngbai	形 はっきりしている	9
明年	míngnián	名 来年	7
明天	míngtiān	名 明日	2
名牌	míngpái	名 ブランド	10
名胜古迹	míngshèng gǔjì	名所旧跡	2
名字	míngzi	名 名前	1
木工	mùgōng	名 木工	11
木头	mùtou	名 材木	1

N

拿不了	nábuliǎo		持ちきれない	6
拿给	nágěi		～に持ってくる	6
拿铁	nátiě	名	カフェラテ	13
拿走	názǒu		持って去る	8
哪	nǎ	代	どれ、どの	1
哪儿	nǎr	代	どこ	8
哪里	nǎli	代	どこ	9
哪些	nǎxiē	代	どれ、どんな	11
那	nà	代	あれ、それ	3
那儿	nàr	代	あそこ、そこ	2
那边	nàbiān	代	あそこ、そこ	2
那个	nàge / nèige	代	あれ、それ、あの、その	4
那里	nàli	代	あそこ、そこ	2
那么	nàme	代	あんなに、そんなに	6
纳豆	nàdòu	名	納豆	11
奶奶	nǎinai	名	（父方の）祖母	1
奈良	Nàiliáng	名	奈良	8
难	nán	形	難しい	1
呢	ne	助	①〔疑問文の文末で答えを促す〕	1
			②〔文末で動作・状態の持続を表す〕	4
内	nèi	方	～のうち	11
能	néng	助動	～できる	2
能源	néngyuán	名	エネルギー	14
你	nǐ	代	あなた	1
年	nián	名	～年、～年間	1
年轻人	niánqīngrén	名	若者	12
念	niàn	動	（声に出して）読む	7
牛蒡	niúpáng	名	ごぼう	13
弄坏	nònghuài		壊す	8
努力	nǔ//lì	動	努力する	14
女仆咖啡厅	nǚpú kāfēitīng	名	メイド喫茶	12
女性	nǚxìng	名	女性	9

P

拍	pāi	動	（写真や動画を）撮る	6
拍出来	pāichūlai		撮影してできる	12
拍照	pāi//zhào	動	写真を撮る	2
派对	pàiduì	名	パーティ	5
胖	pàng	形	太っている	5
跑	pǎo	動	走る	3
泡	pào	動	（温泉に）入る	6
陪	péi	動	付き添う	9
配	pèi	動	組み合わせる	13
朋友	péngyou	名	友だち	1
便宜	piányi	形	安い	3

票	piào	名	チケット、切符	8
漂亮	piàoliang	形	きれいである	2
拼盘	pīnpán	名	盛り合わせ	13
品酒会	pǐnjiǔhuì		聞き酒の会	11
品牌	pǐnpái	名	ブランド	12
品种	pǐnzhǒng	名	種類	13
乒乓球	pīngpāngqiú	名	卓球	3
平板电脑	píngbǎn diànnǎo	名	タブレット型端末	3
平时	píngshí	名	ふだん	4
普及	pǔjí	動	普及する	14

Q

期间	qījiān	名	期間	11
骑	qí	動	（自転車に）乗る	2
奇怪	qíguài	形	奇妙である	11
起床	qǐ//chuáng	動	起きる	5
起作用	qǐ zuòyòng		役に立つ	14
气氛	qìfen	名	雰囲気	3
签证	qiānzhèng	名	ビザ	8
前	qián	方	前	7
钱	qián	名	お金	3
钱包	qiánbāo	名	財布	14
巧克力	qiǎokèlì	名	チョコレート	3
亲眼	qīnyǎn	副	自分の目で	14
清楚	qīngchu	形	はっきりしている	6
轻松	qīngsōng	形	気楽である	4
情况	qíngkuàng	名	状況	5
请	qǐng	動	①どうぞ～してください	4
			②ごちそうする	8
秋高气爽	qiūgāo-qìshuǎng		秋の空が高く空気がすがすがしい	11
秋季	qiūjì	名	秋	11
秋叶原	Qiūyèyuán	名	秋葉原	8
去	qù	動	行く	1
去年	qùnián	名	去年	2
全	quán	形	そろっている	12
全家福	quánjiāfú	名	家族写真	1
全向十字路口	quán xiàng shízì lùkǒu	名	スクランブル交差点	10
确认	quèrèn	動	確認する	6

R

然后	ránhòu	接	その後、それから	4
让	ràng	動	～させる	8
		介	～に（…される）	8
热门	rèmén	名	はやりの（もの）	11
热闹	rènao	形	にぎやかである	2
热情	rèqíng	形	心がこもっている	6
人	rén	名	人	1

人力车	rénlìchē	名 人力車	8
人民币	Rénmínbì	名 人民元	7
人气	rénqì	名 人気	12
人情	rénqíng	名 人情	2
人物	rénwù	名 人物	12
任何	rènhé	代 どんな（～でも）	14
认识	rènshi	動 知り合う	1
认真	rènzhēn	形 まじめである	4
日本	Rìběn	名 日本	5
日本菜	Rìběncài	名 日本料理	11
日本清酒	Rìběn qīngjiǔ	名 日本酒	11
日本文化周	Rìběn wénhuàzhōu		
		ジャパンウィーク〔日本文化	
		の魅力を発信するイベント〕	12
日式	Rìshì	日本式の	6
日语	Rìyǔ	名 日本語	7
日元	Rìyuán	名 日本円	7
日中	Rì-Zhōng	日中	14
容易～	róngyì～	形 ～しやすい	7
柔道	róudào	名 柔道	11
肉	ròu	名 肉	13
如果	rúguǒ	接 もし	5
软件	ruǎnjiàn	名 アプリ	3

S

赛会	sàihuì	名 お祭り	11
散步	sàn//bù	動 散歩する	2
扫	sǎo	動 スキャンする	4
涩谷	Sègǔ	名 渋谷	10
杀菌	shā//jūn	動 殺菌する	13
沙拉酱	shālājiàng	名 ドレッシング	13
商场	shāngchǎng	名 デパート	10
商店	shāngdiàn	名 お店	2
商品	shāngpǐn	名 商品	10
商业区	shāngyèqū	名 商業地区	10
赏	shǎng	動 観賞する	11
上	shàng	動 ①（学校に）通う	2
		②（乗り物に）乗る	9
		方 前の	6
上下班	shàngxià//bān	動 通勤する	9
上海	Shànghǎi	名 上海	1
上网	shàng//wǎng	動 インターネットを使用する	
			4
上野	Shàngyě	名 上野	10
上映	shàngyìng	動 上映する	12
上涨	shàngzhǎng	動 （値段が）高くなる	10
上	shang	方 ～の上	7
少	shǎo	形 少ない	8
少子老龄化	shǎozǐ lǎolínghuà	少子高齢化	14

社会	shèhuì	名 社会	14
社交软件	shèjiāo ruǎnjiàn	ソーシャルアプリ	4
社交网	shèjiāowǎng	SNS（ソーシャル・ネット	
		ワーキング・サービス）	4
深奥	shēn`ào	形 奥深い	11
身体	shēntǐ	名 体	3
什么	shénme	代 ①何	2
		②どんな	2
		③何か	5
什么地方	shénme dìfang	どこ	2
什么时候	shénme shíhou	いつ	5
什么样	shénmeyàng	どんな	3
神保町	Shénbǎodīng	名 神保町	10
神社	shénshè	名 神社	11
生活	shēnghuó	名 生活	1
生活用品	shēnghuó yòngpǐn	名 生活用品	10
生日	shēngrì	名 誕生日	1
生鱼片	shēngyúpiàn	名 刺し身	13
生在	shēngzài	～で生まれる	2
升值	shēngzhí	動 価値が上がる	10
省	shěng	動 節約する	3
圣地	shèngdì	名 聖地	12
时	shí	名 ～のとき、～するとき	9
时候	shíhou	名 ～のとき、～するとき	2
时间	shíjiān	名 時間	3
实惠	shíhuì	形 実用的である	3
实现	shíxiàn	動 実現する	14
食物模型	shíwù móxíng	食品サンプル	12
使用	shǐyòng	動 使う	10
事	shì	名 こと	5
事情	shìqing	名 こと	5
市	shì	名 市〔行政区分〕	2
是	shì	動 ～である	1
是～的	shì～de	動 ～したのだ	1
试	shì	動 試す	11
世界	shìjiè	名 世界	10
世界文化遗产	shìjiè wénhuà yíchǎn	世界文化遺産	2
室内	shìnèi	名 インドア	3
视频	shìpín	名 動画	4
收藏	shōucáng	動 コレクションする	12
手	shǒu	名 手	5
手办	shǒubàn	名 フィギュア	12
手擀面	shǒugǎnmiàn	名 手打ち麺	6
手机	shǒujī	名 携帯電話、スマートフォン	
			4
手机号	shǒujīhào	名 携帯電話の番号	4
手语	shǒuyǔ	名 手話	6
首	shǒu	はじめ	12
受欢迎	shòu huānyíng	人気がある	4

售票处	shòupiàochù	名 切符売り場	9
寿司	shòusī	名 寿司	13
书	shū	名 本	6
书店	shūdiàn	名 書店	10
书法	shūfǎ	名 書道	2
蔬菜	shūcài	名 野菜	3
舒服	shūfu	形 気持ちよい	3
暑假	shǔjià	名 夏休み	2
数字	shùzì	名 数字	9
刷	shuā	動 （カードを）読み取る	9
刷牙	shuā yá	歯を磨く	5
双	shuāng	形 2つの	1
		量 〔ペアになったものを数える〕	3
水平	shuǐpíng	名 レベル	7
顺便	shùnbiàn	副 ついでに	9
顺利	shùnlì	形 順調である	8
说	shuō	動 話す、言う	2
说到	shuōdào	～について言えば	14
四季	sìjì	名 四季	11
四通八达	sìtōng-bādá	四方八方	9
寺庙	sìmiào	名 寺院	8
送	sòng	動 プレゼントする	6
送给	sònggěi	～にプレゼントする	5
送货	sòng huò	商品を届ける	10
苏州	Sūzhōu	名 蘇州	5
宿舍	sùshè	名 寮	2
素食	sùshí	名 精進料理	11
虽然	suīrán	接 ～ではあるけれど	7
随便	suíbiàn	形 自由である	13
随身物品	suíshēn wùpǐn	身の回りのもの	9
随时	suíshí	副 いつでも	10
随时随地	suí shí suí dì	いつでもどこでも	4
随着	suízhe	介 ～につれて	10
岁	suì	量 ～歳	1
所以	suǒyǐ	接 だから	5
所有	suǒyǒu	形 すべての	9

T

他	tā	代 彼	1
她	tā	代 彼女	1
它	tā	代 それ	8
榻榻米	tàtàmǐ	名 畳	6
台场	Táichǎng	名 お台場	8
台球	táiqiú	名 ビリヤード	3
台湾	Táiwān	名 台湾	8
太（～了）	tài(~ le)	副 ～すぎる、あまりに～	5
太极拳	tàijíquán	名 太極拳	3
太阳能	tàiyángnéng	名 太陽エネルギー	14

谈	tán	動 話す	14
弹	tán	動 （ピアノを）弾く	3
趟	tàng	量 〔往復する動作の回数を数える〕	9
陶艺	táoyì	名 陶芸	11
套餐	tàocān	名 セットメニュー	13
特别	tèbié	副 すごく、とりわけ	2
特产品	tèchǎnpǐn	名 名産品	11
特点	tèdiǎn	名 特徴	2
特色	tèsè	名 特色	6
特色菜	tèsècài	名 特色ある料理	6
踢	tī	動 蹴る、（サッカーを）する	5
提供	tígōng	動 提供する	10
提前	tíqián	動 事前に	9
体验	tǐyàn	動 体験する	8
天妇罗	tiānfùluó	名 天ぷら	8
天气	tiānqì	名 天気	2
甜点	tiándiǎn	名 デザート	6
甜品	tiánpǐn	名 スイーツ	3
挑选	tiāoxuǎn	動 選ぶ	13
条	tiáo	量 〔細長いものを数える〕	12
调好	tiáohǎo	ちゃんと調えてある	13
调料汁	tiáoliàozhī	名 調味料	13
挑战	tiǎozhàn	動 挑戦する	7
贴图	tiētú	スタンプ〔LINE や WeChat で使用されるイラスト〕	4
铁道	tiědào	名 鉄道	9
听	tīng	動 聞く	3
听不懂	tīngbudǒng	聞いてわからない	6
听到	tīngdào	聞こえる	10
听得懂	tīngdedǒng	聞いてわかる	6
听懂	tīngdǒng	聞いてわかる	6
听说	tīngshuō	動 聞くところによると～	12
停	tíng	動 止まる、止める	4
挺（～的）	tǐng(~ de)	副 なかなか～だ	7
通	tōng	動 通じる	10
通过	tōngguò	介 ～を通して	14
通用	tōngyòng	動 通用する	9
同	tóng	形 同じである	13
同时	tóngshí	接 同時に	3
同事	tóngshì	名 同僚	9
同学	tóngxué	名 クラスメート	1
头发	tóufa	名 髪の毛	5
头晕	tóuyūn	動 めまいがする	11
图书馆	túshūguǎn	名 図書館	14
土生土长	tǔ shēng tǔ zhǎng	その地で生まれ育つ	2
推荐	tuījiàn	動 推薦する	11
推特	Tuītè	名 Twitter	4
退税	tuìshuì	名 免税	10

W

外出	wàichū	動 外出する	10
外国	wàiguó	名 外国	6
外来语	wàiláiyǔ	名 外来語	7
外面	wàimian	方 外	3
外语	wàiyǔ	名 外国語	7
玩儿	wánr	動 遊ぶ	1
玩儿起来	wánrqǐlai	遊んでみると	12
完全	wánquán	形 完全である	14
碗	wǎn	名 お碗、茶碗	13
晚餐	wǎncān	名 夕食	6
网	wǎng	名 インターネット	10
网游	wǎngyóu	名 ネットゲーム	3
忘	wàng	動 忘れる	9
微信	Wēixìn	名 WeChat〔中国の SNS アプリ〕	4
微信号	wēixìnhào	名 WeChat のアカウント	4
微信支付	Wēixìn zhīfù	WeChat Pay	14
喂	wéi	嘆 もしもし	4
为什么	wèi shéme	なぜ	7
位	wèi	量 〔敬意をもって人を数える〕	14
味道	wèidao	名 味	13
温泉	wēnquán	名 温泉	6
文化	wénhuà	名 文化	2
闻名	wénmíng	形 有名である	12
问	wèn	動 尋ねる	9
问题	wèntí	名 問題、質問	9
我	wǒ	代 私	1
乌冬面	wūdōngmiàn	名 うどん	13
乌龙茶	wūlóngchá	名 ウーロン茶	3
污染	wūrǎn	動 汚染する	14
无法	wúfǎ	動 ～する方法がない、～できない	11
无人驾驶	wúrén jiàshǐ	自動運転	14
无现金化	wúxiànjīnhuà	キャッシュレス化	14
武术	wǔshù	名 武術	11
物价	wùjià	名 物価	10

X

西瓜卡	Xīguākǎ	名 Suica〔JR 東日本の IC カード〕	9
希望	xīwàng	動 希望する、望む	7
习惯	xíguàn	名 習慣	3
喜欢	xǐhuan	動 ～を好む、気に入る	1
洗	xǐ	動 洗う	5
洗手间	xǐshǒujiān	名 トイレ	9
下	xià	動 （乗り物を）降りる	9
		方 次の	5
下午	xiàwǔ	名 午後	2
下雨	xià yǔ	雨が降る	2
下载	xiàzǎi	動 ダウンロードする	4
夏天	xiàtiān	名 夏	2
先	xiān	副 まず、先に	5
鲜榨果汁	xiānzhà guǒzhī	フレッシュジュース	3
显示屏	xiǎnshìpíng	名 ディスプレイ	9
线路	xiànlù	名 線路	9
现在	xiànzài	名 今	2
香	xiāng	形 味がよい	12
香道	xiāngdào	名 香道	11
香港	Xiānggǎng	名 香港	8
相当	xiāngdāng	副 かなり	8
相互	xiānghù	副 お互いに	14
相似	xiāngsì	形 似ている	13
相信	xiāngxìn	動 信じる	11
想	xiǎng	動 考える、思う	2
		助動 ～したい	1
享受	xiǎngshòu	動 享受する、味わう	6
像	xiàng	動 似ている、～みたいだ	12
项目	xiàngmù	名 プログラム	11
象征	xiàngzhēng	名 象徴	11
小	xiǎo	形 小さい	1
小街小巷	xiǎojiē xiǎoxiàng	細い路地	12
小米	Xiǎomǐ	名 〔中国の家電メーカー〕	4
小朋友	xiǎopéngyou	名 子ども	8
小时	xiǎoshí	名 ～時間	2
小时候	xiǎoshíhou	名 幼いとき	2
笑	xiào	動 笑う	4
效果	xiàoguǒ	名 効果	13
校园	xiàoyuán	名 キャンパス	1
些	xiē	量 いくらか、いくつか	4
鞋子	xiézi	名 靴	3
写	xiě	動 書く	1
写不完	xiěbuwán	書き終えられない	6
写出来	xiěchūlai	書いてできる	12
写在	xiězài	・に書く	7
新	xīn	形 新しい	5
新干线	Xīngànxiàn	名 新幹線	6
新加坡	Xīnjiāpō	名 シンガポール	6
新款	xīnkuǎn	新モデル	12
新宿	Xīnsù	名 新宿	10
新闻	xīnwén	名 ニュース	4
辛苦了	xīnkǔ le	お疲れ様でした	8
信赖	xìnlài	動 信頼する	14
信息	xìnxī	名 情報	14
星期	xīngqī	名 週	2
兴趣	xìngqù	名 興味	4

行	xíng	動 よい、かまわない	13	
姓	xìng	動 (姓を)〜という	1	
休息	xiūxi	動 休む	6	
需求	xūqiú	名 ニーズ	10	
许多	xǔduō	数 たくさん	10	
选	xuǎn	動 選ぶ	3	
选择	xuǎnzé	動 選ぶ	3	
学	xué	動 学ぶ、習う	1	
学好	xuéhǎo	しっかり学ぶ、マスターする	7	
学生	xuésheng	名 学生	7	
学习	xuéxí	動 学ぶ	4	
学习班	xuéxíbān	名 (習いごとの) 教室	11	
学校	xuéxiào	名 学校	2	

Y

亚文化	yàwénhuà	名 サブカルチャー	12
羊	yáng	名 ひつじ	1
养	yǎng	動 (ペットを) 飼う	2
要	yào	動 要する、かかる	2
		助動 ①〜したい、〜するつもりだ	3
		②〜しなければならない	5
		③もうすぐ〜となる	12
要是	yàoshi	接 もし〜	9
钥匙	yàoshi	名 鍵	7
爷爷	yéye	名 (父方の) 祖父	1
也	yě	副 〜も	1
野餐	yěcān	名 ピクニック	13
夜景	yèjǐng	名 夜景	2
一〜就…	yī~jiù…	〜するとすぐ…	9
一般	yìbān	形 一般的である、ふつう	3
一带	yídài	名 一帯	8
一点儿	yìdiǎnr	数量 少し	2
一点点	yìdiǎndiǎn	少し	13
一定	yídìng	副 きっと、必ず	2
一会儿	yíhuìr	数量 まもなく	12
一口	yìkǒu	名 ひとくち	13
一路	yílù	名 道中	8
一模一样	yìmú-yíyàng	そっくりである	12
一起	yìqǐ	副 一緒に	1
一切	yíqiè	代 すべての	14
一日游	yírìyóu	日帰り旅行	8
一下	yíxià	数量 ちょっと (〜する)	1
一些	yìxiē	数量 いくらか	6
一样	yíyàng	形 同じである	7
一直	yìzhí	副 ずっと	2
衣服	yīfu	名 服	1
遗憾	yíhàn	形 残念である	7

以〜为…	yǐ~wéi…	〜を…とする	12
以后	yǐhòu	方 以後、〜の後	2
以前	yǐqián	名 以前、〜の前	13
以外	yǐwài	名 〜以外	3
已经	yǐjīng	副 すでに	3
意义	yìyì	名 意味	11
音乐	yīnyuè	名 音楽	1
因为	yīnwèi	接 なぜなら	5
银行	yínháng	名 銀行	2
银联卡	Yínliánkǎ	名 銀聯カード〔中国で普及しているクレジット／デビットカード〕	10
银座	Yínzuò	名 銀座	10
饮食	yǐnshí	名 飲食	5
樱花	yīnghuā	名 桜	11
英语	Yīngyǔ	名 英語	3
影响	yǐngxiǎng	名 影響	14
拥挤	yōngjǐ	動 混み合う	9
用	yòng	動 使う	1
优惠	yōuhuì	形 (割引などの) 優遇	10
邮件	yóujiàn	名 メール	4
邮局	yóujú	名 郵便局	2
游	yóu	動 泳ぐ	2
游客	yóukè	名 観光客	8
游戏	yóuxì	名 ゲーム	3
游泳	yóu//yǒng	動 泳ぐ	2
由于	yóuyú	接 〜なので	10
有	yǒu	動 ある、いる	1
有的〜	yǒude~	代 ある〜	10
有点儿	yǒudiǎnr	少し	5
有关	yǒuguān	介 〜に関する	14
有名	yǒumíng	形 有名である	8
有趣	yǒuqù	形 おもしろい	12
有时候	yǒu shíhou	時々	3
有限	yǒuxiàn	形 限りがある	14
有些	yǒuxiē	代 ある一部 (の)	10
有意思	yǒu yìsi	おもしろい	4
有用	yǒuyòng	形 役に立つ	7
又〜又…	yòu~yòu…	〜でもあるし、…でもある	3
愉快	yúkuài	形 楽しい	4
雨	yǔ	名 雨	2
雨伞	yǔsǎn	名 傘	1
语法	yǔfǎ	名 文法	7
语言	yǔyán	名 言語	10
语音讲解	yǔyīn jiǎngjiě	音声ガイド	9
浴衣	yùyī	名 ゆかた	11
元旦	Yuándàn	名 元旦	13
原来	yuánlái	副 なんと (〜だったのか)	13
原宿	Yuánsù	名 原宿	12

原因	yuányīn	名 原因	10	
远	yuǎn	形 遠い	5	
远处	yuǎnchù	遠いところ	9	
愿意	yuànyì	助動 ～したいと思う	12	
月	yuè	名 ～月	1	
月份	yuèfèn	名 ～月	2	
越来越～	yuè lái yuè～	ますます～	8	
运动	yùndòng	名 運動、スポーツ	3	
运动鞋	yùndòngxié	名 スニーカー	3	

Z

灾区	zāiqū	名 被災地	5
再	zài	副 それから	5
再也～	zài yě～	これ以上～	6
在	zài	動 ある、いる	2
		介 ～で	1
		副 ～している	4
咱们	zánmen	代 (相手を含む) 私たち	4
早	zǎo	形 早い	5
早上	zǎoshang	名 朝	5
怎么	zěnme	代 どのように	1
怎么样	zěnmeyàng	代 どう	2
怎样	zěnyàng	代 どう	14
增加	zēngjiā	動 増加する	8
站	zhàn	名 駅	6
蘸	zhàn	動 さっとつける	13
张	zhāng	量 ～枚	6
长在	zhǎngzài	～で育つ	2
招牌菜	zhāopáicài	名 看板メニュー	13
着急	zháo//jí	動 あせる	14
找	zhǎo	動 探す	3
找到	zhǎodào	見つける	9
找得到	zhǎodedào	見つかる	14
照片	zhàopiàn	名 写真	4
照片墙	Zhàopiànqiáng	名 Instagram	4
照相	zhào//xiàng	動 写真を撮る	8
折纸	zhézhǐ	名 折り紙	11
这	zhè	代 この、その	1
这儿	zhèr	代 ここ	2
这个	zhège/zhèige	代 これ、それ、この、その	1
这里	zhèli	代 ここ、そこ	9
这些	zhèxiē	代 これら (の)	11
这么	zhème	代 こんなに、そんなに	6
真的	zhēn de	本当に	12
真实	zhēnshí	形 真実である	14
真正	zhēnzhèng	副 本当に	7
针对	zhēnduì	動 ～に対して	11
整个	zhěnggè	形 全体の	8
正视	zhèngshì	動 正視する	14

正宗	zhèngzōng	形 本場の、正真正銘の	2
～之处	～zhī chù	～のところ	13
～之间	～zhī jiān	～の間	14
～之所	～zhī suǒ	～のところ	13
～之一	～zhī yī	～の1つ	2
支付	zhīfù	動 支払う	4
知道	zhīdao	動 知っている、わかる	9
值得	zhíde	動 ～する価値がある	8
直接	zhíjiē	形 直接、じかに	1
只	zhǐ	副 ただ、～だけ	2
只要	zhǐyào	接 ～さえすれば、～でさえあれば	13
只有	zhǐyǒu	接 ～してこそようやく…、～よりほか…ない	7
指南	zhǐnán	名 案内、ガイド	9
至今	zhìjīn	副 今でも、今に至るまで	6
志愿者	zhìyuànzhě	名 ボランティア	5
质量	zhìliàng	名 品質	12
中餐厅	Zhōngcāntīng	名 中華料理店	13
中国	Zhōngguó	名 中国	1
中国菜	Zhōngguócài	名 中華料理	2
中华街	Zhōnghuájiē	名 中華街	2
中日	Zhōng-Rì	中日	14
中文	Zhōngwén	名 中国語	8
中小	zhōngxiǎo	中小	11
中心	zhōngxīn	名 中心	2
终于	zhōngyú	副 ついに、とうとう	12
种	zhǒng	量 〔種類を数える〕	8
种类	zhǒnglèi	名 種類	3
重视	zhòngshì	動 重視する	3
重要	zhòngyào	形 重要である	7
周到	zhōudào	形 行き届いている	8
周末	zhōumò	名 週末	1
周一	zhōuyī	月曜日	5
煮出来	zhǔchūlai	煮てできる、炊いてできる	12
主食	zhǔshí	名 主食	13
住	zhù	動 ①住む	2
		②泊まる	6
住在	zhùzài	～に住む	2
著名	zhùmíng	形 有名である	10
注意	zhùyì	動 注意する	9
专卖	zhuānmài	動 専門的に売る	10
专卖店	zhuānmàidiàn	名 専門店	10
专门	zhuānmén	副 特に、わざわざ	10
专用	zhuānyòng	動 専用する	9
准备	zhǔnbèi	動 準備する	5
准备好	zhǔnbèihǎo	きちんと準備する	3
准时	zhǔnshí	形 時間どおりである	9
紫阳花	zǐyánghuā	名 あじさい	11

自己	zìjǐ	代 自分	3	
自拍	zìpāi	動 自撮りする	4	
自然	zìrán	名 自然	2	
自然遗产	zìrán yíchǎn	自然遺産	11	
自我介绍	zìwǒ jièshào	動 自己紹介する	1	
自行车	zìxíngchē	名 自転車	2	
自由行	zìyóuxíng	名 個人の自由旅行	8	
自助餐	zìzhùcān	名 バイキング	3	
走	zǒu	動 ①行く	6	
		②歩く	7	
走不动	zǒubudòng	歩けない	6	
足球	zúqiú	名 サッカー	5	

最	zuì	副 最も	3	
最爱	zuì'ài	名 最愛のもの	3	
最近	zuìjìn	名 最近	3	
左右	zuǒyòu	方 ～くらい	9	
做	zuò	動 する、作る	2	
做客	zuò//kè	動 客になる	2	
坐	zuò	動 座る、（乗り物に）乗る	1	
坐上	zuòshàng	～に乗る	9	
座	zuò	量 〔大型のものを数える〕	2	
作为	zuòwéi	動 ～とする、～とみなす	6	
作业	zuòyè	名 宿題	5	

著者略歴

及川淳子（おいかわ じゅんこ）

桜美林大学、慶應義塾大学卒業。日本大学大学院修了。博士（総合社会文化）。
専門は現代中国の社会、特に言論事情、および中国語の教材制作。
現在、中央大学文学部教授。
2017 ～ 2018 年度 NHK ラジオ「おもてなしの中国語」講師。
主要著書：『中国語で伝えたい 自分のこと日本のこと』『わたしの中国語　32
のフレーズでこんなに伝わる』（白水社）、『読める、聞ける、わかる！　中国
語ニュース』『起きてから寝るまで　中国語表現 700』（共著、アルク）

2年めの伝える中国語　自分のこと日本のこと（CD付）

2019年 2 月10日　第 1 刷 発 行
2024年12月10日　第 9 刷 発 行

著　者 ⓒ　　及　川　淳　子
発行者　　　岩　堀　雅　己
印刷所　　　倉 敷 印 刷 株 式 会 社

発行所　　101-0052東京都千代田区神田小川町3の24
　　　　　電話 03-3291-7811（営業部）, 7821（編集部）　　株式会社 白水社
　　　　　www.hakusuisha.co.jp
　　　　　乱丁・落丁本は、送料小社負担にてお取り替えいたします。

振替 00190-5-33228　　　　　　　　　　　　　　　誠製本株式会社

ISBN978-4-560-06939-4

Printed in Japan

初級から中級へ！ 中国語の類義語攻略ドリル

柴 森 著

A5判 206頁 定価2420円（本体2200円）

日本語から中国語に訳すとき，どれを使うか迷ってしまう類義語．間違いやすい表現をピックアップし，使い分けをばっちりマスター！

徹底解説！ 中国語の構文攻略ドリル［改訂版］ 柴 森 著

本気で「作文力」を身につけるための問題集．特殊構文から補語や"了"の用法まで，文の構造を論理的に解説．改訂では4節を追加．

A5判 222頁 定価2640円（本体2400円）

中国語文法〈補語〉集中講義

洪 潔清 著

1冊まるごと〈補語〉に特化した参考書．段階的に身につけられるよう意味・用法を整理し，練習問題をたっぷり用意しました．

A5判 157頁 定価2420円（本体2200円）

日本語から考える！ 中国語の表現

永倉百合子・山田敏弘 著

四六判 165頁 定価2090円（本体1900円）

「おいしそう！」は中国語で何て言う？2つのことばの発想の違いを知ることで，中国語らしい表現が身につく一冊．

中国語検定対策3級問題集［三訂版］

伊藤祥雄 編著 【CD2枚付】

A5判 205頁 定価2530円（本体2300円）

過去問を分析し，狙われやすいポイントを解説．文法項目ごとに要点を整理，練習問題で実戦力を養成．模擬試験・単語リスト付．

中国語検定対策2級問題集［三訂版］

伊藤祥雄 編著 【CD2枚付】

A5判 184頁 定価2860円（本体2600円）

過去問を分析し，狙われやすいポイントを解説．覚えるべきことを整理，練習問題で実戦力を養成．模擬試験・慣用句リスト付．

中検3級・2級をめざす 読んで覚える中国語単語

丸尾 誠・盧建 著 【MP3 CD-ROM付】

四六判 221頁 定価2420円（本体2200円）

文章を読み，厳選された約1200の語句を文脈のなかで効率よく身につけます．重要語句には用例・解説付．

声に出して読む中国語の名句

西川芳樹 著 【CD付】

四六判 164頁 定価2530円（本体2300円）

中国人が文章やスピーチに好んで引用する古典の名句．厳選70フレーズの出典や由来，実際の用例を紹介．著名人の言葉も多数．

生録中国語

◎インタビューでリスニングに挑戦！ 【CD付】

CCアカデミー・大羽りん・趙青 編著

A5判 157頁 定価2860円（本体2600円）

出身・年齢・職業の異なる12人に，来日の経緯や仕事について質問．癖も訛りも含め，ネイティヴのふだんの中国語を聴いてみましょう．

ちょこっと中国語翻訳［増補新版］

◎こんなときネイティヴなら何て言う？ 李 軼倫 著

何気ない日常会話ほど翻訳するのは難しい．相手に誤解を与えず必要な情報を伝えるためのコツとは？ 学習者の訳文をもとに解説．

A5判 186頁 定価2640円（本体2400円）

重版にあたり価格が変更になることがありますので，ご了承ください．

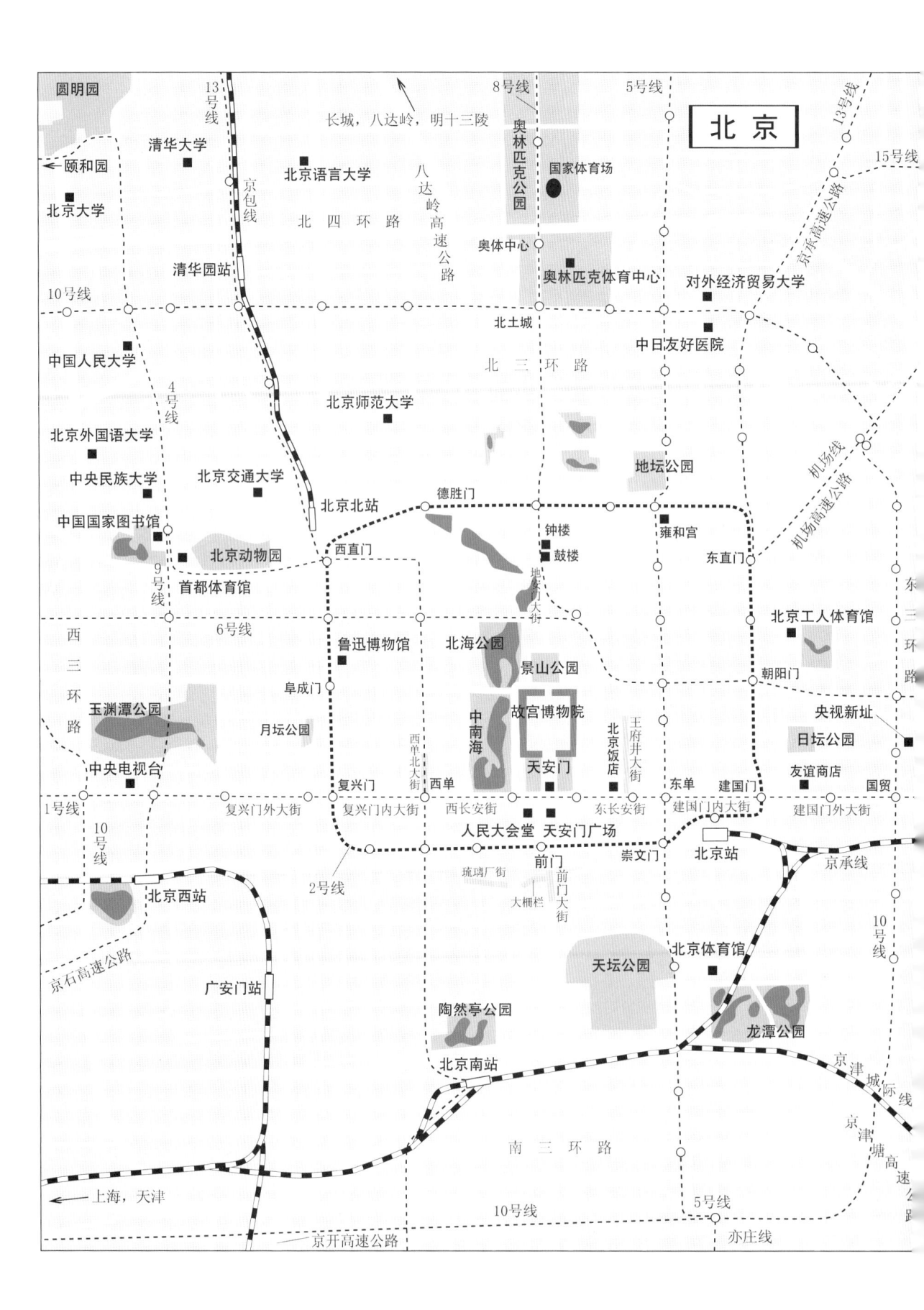

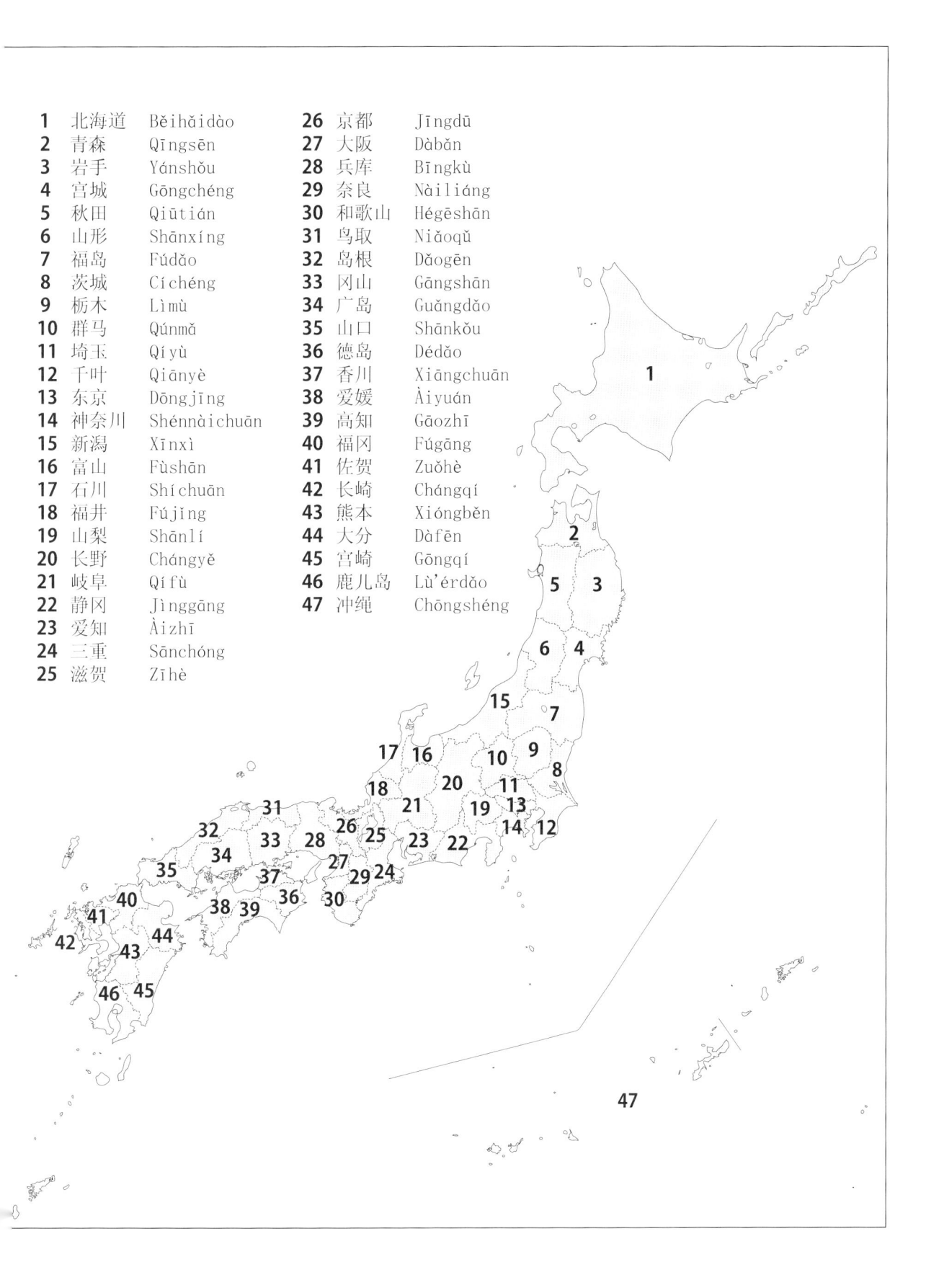

1	北海道	Běihǎidào	26	京都	Jīngdū
2	青森	Qīngsēn	27	大阪	Dàbǎn
3	岩手	Yánshǒu	28	兵库	Bīngkù
4	宫城	Gōngchéng	29	奈良	Nàiliáng
5	秋田	Qiūtián	30	和歌山	Hégēshān
6	山形	Shānxíng	31	鸟取	Niǎoqǔ
7	福岛	Fúdǎo	32	岛根	Dǎogēn
8	茨城	Cíchéng	33	冈山	Gāngshān
9	栃木	Lìmù	34	广岛	Guǎngdǎo
10	群马	Qúnmǎ	35	山口	Shānkǒu
11	埼玉	Qíyù	36	德岛	Dédǎo
12	千叶	Qiānyè	37	香川	Xiāngchuān
13	东京	Dōngjīng	38	爱媛	Àiyuán
14	神奈川	Shénnàichuān	39	高知	Gāozhī
15	新潟	Xīnxì	40	福冈	Fúgāng
16	富山	Fùshān	41	佐贺	Zuǒhè
17	石川	Shíchuān	42	长崎	Chángqí
18	福井	Fújǐng	43	熊本	Xióngběn
19	山梨	Shānlí	44	大分	Dàfēn
20	长野	Chángyě	45	宫崎	Gōngqí
21	岐阜	Qífù	46	鹿儿岛	Lù'érdǎo
22	静冈	Jìnggāng	47	冲绳	Chōngshéng
23	爱知	Àizhī			
24	三重	Sānchóng			
25	滋贺	Zīhè			